이기는
스타일

언제 어디서나 나를 이기게 해 주는 특강

이기는 스타일

한광일 지음

지치면 지고 미치면 이긴다, 걱정하면 지고 설레면 이긴다

포기를 포기하라

마음의숲

지치면 지고 미치면 이긴다.
걱정하면 지고 설레면 이긴다.
포기를 포기하라.

차례

머리글

01. 이기는 스타일_웃음

02. 지는 스타일 _ 스트레스

03. 힐링 스타일 _ 울음

04. 웃는 스타일_자신감

05. 리더 스타일 _ 펀 리더

에필로그

머리글

이겨서 웃는 것이 아니라 웃어서 이긴 것이다

어디서든 이기는 스타일이 있고 무엇을 해도 실패하고 지는 스타일이 있다. 이 두 가지 스타일을 가만히 들여다보고 분석해 보자. 무엇 때문인가. 그 이유는 여러 가지가 있겠지만 내가 본 가장 큰 요인 중 하나는 바로 웃음이다.

웃고 있다는 것, 그것은 사람을 조급하게 만들지 않는다. 이 조급함은 결국 서두르게 만들고 판단을 흐려 좋지 않은 쪽으로 수를 두게 한다.

힘든 상황에 부딪혔을 때 "씨익" 하고 웃는(비웃음이어도 좋다) 사람과 신경질을 부리고 소리를 지르며 즉각적인 반응을 보이는 사람과는 엄청난 차이가 있다. 이기는 길로 들어서느냐 지는 길로 들어서느냐는 거기서 결정되기 때문이다. 그렇다면 당신은 어떤 스타일인가.

여기서 진정 이긴다는 것은 도대체 무엇을 이기는 것일까? 진 사람들이 불행해지고 아픈 것이 아니라 진 사람도 웃고 이긴 사람도 웃는 것, 진 사람도 행복하고 이긴 사람도 행복한 것, 이것이 진정한 이김이 아닐까.

이기는 스타일은 어떤 일을 할 때 늘 흥얼거린다. 억지로라도 기분을 좋게 만드는 것이다. 그것은 자신의 마음을 여유롭게 만들 뿐만 아니라 함께 일하는 동료에게도 기분 좋은 에너지를 전달해 일의 능률을 높이는 시너지가 된다.

공부하기 힘들어도 취직하기 어려워도 흥얼거려라. 흥얼거리며 공부하고 취직 시험을 준비하라. 웃음은 결코 돈이 드는 일이 아니다. 원하는 대학에 들어간 사람과 취업에 성공한 사람들을 보면 그렇지 못한 사람들에 비해 표정이 밝다. 잘돼서 밝은 것이 아니라 밝아서 잘된 것이다. 이것이 바로 인생의 비밀이다. 아주 간단하다.

인간의 최대의 욕구는 건강하고 행복하길 바라는 것이다. 그리고 성공하기를 바라지만 그 방법을 찾기란 쉽지 않다. 그러나 동서고금의 지혜와 경험을 통해 우리가 알 수 있듯 비워야 건강하고,

즐겨야 행복하고, 미쳐야 성공할 수 있다.

그렇다면 비우고, 즐기고, 미칠 수 있는 방법으로는 무엇이 있을까. 바로 웃음을 잃지 않는 것이다. 진정 자신의 인생에서 이기는 스타일이 되는 것이다. 웃는 사람은 자신감이 넘치고 긍정적이며 소통과 몰입을 잘한다. 그리고 모든 일에 창의적이고 고정관념을 잘 깨 혁신적인 사람으로 거듭난다.

고등학교 시절 퇴학생이었던 나는 대학 교수가 되는 인생 역전을 경험했다. 그러나 그 또한 삶에 만족을 주지 않아 고민했다. 헛헛한 마음을 채울 수 있는 나만의 삶을 계속 찾아 헤맸던 것이다.

나는 과감히 대학 교수를 그만두고 서울역, 숭례문 광장, 남산공원 등지로 나갔다. 그때 문득 나처럼 그곳을 배회하는 사람들의 표정과 말투를 보며 깨닫게 되었다.

'아! 실패와 성공의 열쇠는 바로 웃음이구나. 미소구나.'

이후 나는 내가 할 일을 찾게 되었다. 그리고 이 사회에 진정 필요한 웃음 강연을 시작했다.

우리 사회는 긍정을 종용하지만 실제 긍정의 바탕이 되는 웃음을 강조하지는 않는다. 웃음이 건강에 좋고 복이 온다는 이야기들은 많이 듣고 살아왔지만 실제 사람들은 현실 앞에서 웃지 못한다. 그래서 늘 지는 것이다. 후회하고 힘들어하고 인상을 쓰며 또 도전해 보지만 여전히 질 수밖에 없다.

나는 사람들에게 이기는 법을 가르쳐주고 싶었다. 그래서 길거리에서 웃음 강연을 통해 많은 사람들에게 긍정의 힘을 전파하는 웃음전도사가 되었다. 일약 스타강사가 된 것이다.

달콤한 음악소리, 시원한 바람, 따뜻한 말, 뜨거운 사랑, 긍정적인 상상, 행복한 기분 등 생활에 필요한 모든 긍정의 에너지들은 눈에 보이지 않고, 먹을 수도, 잡을 수도, 가둘 수도 없다. 그러나 우리는 이러한 것들이 반드시 존재한다는 것을 믿어야 한다. 믿는 만큼, 기대하는 만큼, 간절한 만큼 이루어지는 것이 피그말리온(피가 마르는, 유머) 효과, 플라시보 효과다.

오른 주먹을 쥐고 레몬이라고 상상해 보자. 그리고 한입 베어 먹어 보자. 입에 대자마자 바로 침이 나올 것이다. 긍정은 현실의 상상이고, 실천의 기술, 동력의 연료다. 포기를 포기하고, 좌절을 좌절하라! 그리고 성공을 성공하라!

생긴 대로 사는 것은 체념이고 사는 대로 생기는 것이 집념이다. 오늘 비록 새우잠을 잔다 해도 내일은 고래를 잡으리라!

이 책을 통해 나는 사회생활을 하는 모든 사람들, 창의적인 삶을 살고자 하는 사람들, 성공하고 행복하고 건강하기를 바라는 모든 이들에게 진정 이기는 스타일이 무엇인지를 알려주고 싶다. 그리고 나 자신을 과감히 비우고 버리고, 미치고 깨뜨리면 새로 만들어지는 실제 경험을 가슴으로 체험하도록 해 주고 싶다. 또한 나의 파워풀한 열정과 역전의 경험담을 통해 평생 잊히지 않는 감동의 특강을 들려주고 싶다.

어느덧 나는 강단에 등장하여 2초 내에 좌중을 흥분시키고 몰입시키는 능력이 생겼다. 웃음의 힘이다. 이 책을 읽으면서 여러분들도 학교에서, 회사에서, 그리고 인간관계에서 어떻게 하는 것이 이기는 것인가를 배웠으면 한다. 그래서 궁극에는 어떤 상황에서든 이기는 스타일로 거듭나기를 바란다. 언제 어디서나 박장대소하고 있는 사람이 되었으면 좋겠다.

한국강사센터 원장

한광일

01
이기는 스타일
—
웃음

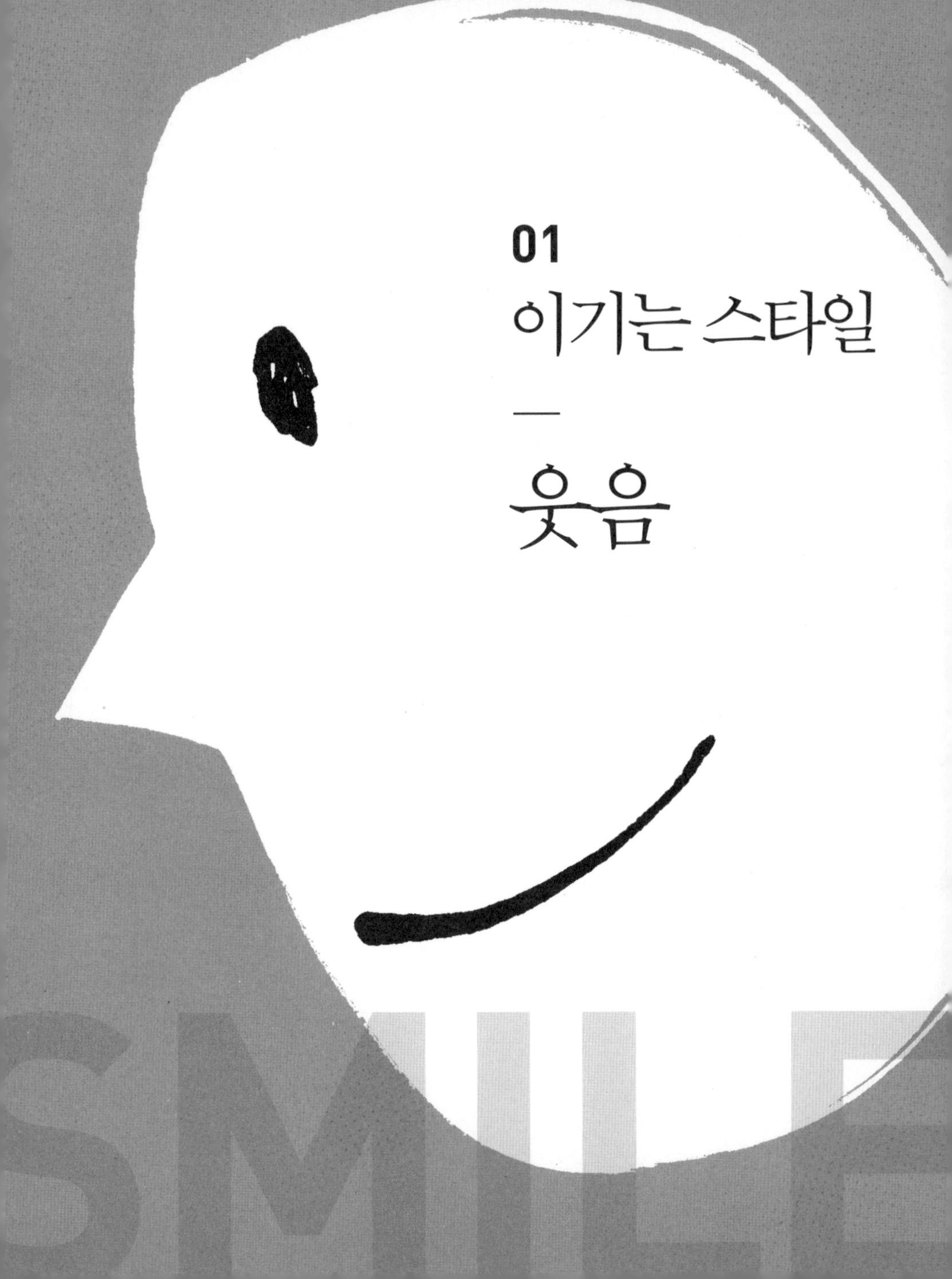

유대인들은 웃음의 민족이다

'프림.'

유대인들의 명절 이름이다. 프림은 봄이면 대대적으로 진행되는 행사로 옛날 페르시아 제국으로부터 박해받던 시절을 잊지 않기 위해 치러졌다. 이 행사 중에 유대인들은 '헤망'이라는 과자를 나눠 먹었는데 그것은 페르시아 재상의 이름에서 따온 말이었다.

프림이라는 명절을 보내는 유대인들은 이날 하루만이라도 승리감을 맛보자는 의도로 원수의 이름을 딴 헤망을 먹었다. 한낱 과자에 불과하지만 죽도록 싫어하는 사람의 이름을 붙여 씹어 먹는다는 흥미로운 발상에서 유래된 것이다. 아마 유대인들을 '웃음의 민족'이라 불렀던 것도 이러한 유머 감각에서 비롯되었을 것이다. 그리고 박해받던 자신들의 고통을 이겨내는 방법이 아니었을까.

이뿐만 아니라 유대인들은 어떤 사람이든 만날 때마다 반드시 농담 섞인 말을 한마디씩 건넸다고 한다. 이는 자신의 두뇌개발에 좋기 때문이라는 이유인데 이 훈련을 통해 그들은 아마도 발상의 전환이나 자유분방한 사고가 길러진다고 믿었던 것 같다.

프로이트나 아인슈타인과 같은 유대인이 '최고의 코미디언'이라고 불렸던 이유도 고정관념을 타파하고 특유의 발상법을 제시했기 때문이라는 생각이 든다. 그렇게 많은 박해를 받으며 고통 속에 신음했던 유대인들의 유머는 그 밑바탕에 해학과 여유가 숨겨져 있었기 때문이리라. 진정 위대한 웃음이라고 하지 않을 수 없다.

그러나 이러한 웃음도 끊임없이 노력하고 훈련하지 않으면 유지하기 힘들다. 세상의 즐거움과 행복이 모두 우리의 인생 앞에 저절로 다가와 주지 않는 것처럼 말이다.

웃음을 스스로 만들어 낼 때 비로소 마음이 밝아지고, 그 밝은 기운이 생각을 바꾼다. 그리고 우리가 하는 모든 일들이 원활하고 순조롭게 잘 풀려나가 어느새 행복으로 돌아오는 것이다. 웃고 또 웃어야 하는 이유가 바로 여기에 있다. 삶에, 인생에 이기는 첫걸음이 바로 웃음인 것이다.

쥐도 웃는다

프랑스 〈상떼〉라는 보건전문지에서 웃음을 주제로 기사를 다룬 적이 있다. 그중 눈에 띄는 부분이 있었는데 프랑스 의사들이 가장 많이 권하는 약품에 대한 것이었다. 그들은 환자들에게 '웃음'을 많이 권한다고 한다. 웃음은 폐와 기도를 확장시켜 공기가 들고나는 것을 원활하게 할 뿐만 아니라 호흡기를 청소해 호흡을 쉽게 하기 때문이다.

반면 프랑스 의사들과 달리 영국에서는 웃음의 효능을 알아보기 위해 분노를 먼저 연구했다고 한다. 화를 내는 것이 인간에게 얼마나 해로운지를 먼저 실험한 것이다. 이에 따르면 화를 낸 사람이 내쉰 숨을 액체질소로 급랭시켜 본 결과 노란색의 독소 액체가 나왔다고 한다. 이렇게 화가 난 상태의 사람이 1시간가량 계속 내쉰 숨의 독소는 약 80명의 사람을 죽일 수 있다는 것이다. 듣기만 해도 소름이 돋는 일이다.

결국 그들의 연구는 웃음이 정상 신체에서는 그다지 위력을 발휘하지 못하지만 분노, 초조, 불안 등으로 스트레스를 받을 경우에는 탁월한 청량제 역할을 한다는 사실을 밝혀낸 것이다.

생후 2,3개월이 지난 아이들은 하루 평균 400회 이상을 웃는다고 한다. 어린아이일수록 웃음이 많은 것이다. 6,7세의 아이들도 하루 평균 300회 정도 웃기는 하지만 이도 성인이 되면서 점점 사라져 하루 100회에서 평균 14회까지 급격하게 줄어든다. 심지어 하루에 단 한 번도 웃지 않고 지내는 사람들도 꽤 많다고 한다.

웃음을 통해 몸과 마음이 유쾌해지고, 상쾌해지고, 통쾌해진다면 세상에서 이보다 더 훌륭한 보약은 없을 것이다. 예측하건대 신이 인간에게 내려 준 선물 중 가장 크고 귀한 것이 바로 웃음이 아닐까. 우리 내면에 잠재되어 있는 것을 얼굴 표정으로 드러내 보이는 웃음 말이다. 물론 이런 웃음이 인간만의 전유물은 아니다.

미국 불링그린 주립대 심리학과 잭 팬셉 교수는 특별히 고안한 기구를 통해 쥐가 웃는다는 사실을 확인했다. 어둠 속에서 쥐를 간질이자 "킥킥킥" 하고 웃는 소리를 들을 수 있었다고 한다.

뿐만 아니라 쥐도 사람처럼 나이가 적을수록 많이 웃는다는 사실을 알아냈다. 이 과정에서 간질이는 행동과 그에 대한 반응을 단순히 반사작용으로 볼 것인지, 아니면 적극적인 웃음의 의미로 해석할 것인지에 대해서는 논란이 일고 있다. 왜냐하면 웃음은 단순한 근육의 움직임이 아닌 사회적인 언어와 유머를 전반적으로 이해할 수 있는 문화적인 표현이라는 생각에서다.

흔히 사람들은 스트레스는 어른의 전유물이라고 생각한다. 그러나 틀린 생각이다. 스트레스는 나이를 불문하고 쌓이게 된다. 특히 어린 시절부터 스트레스를 많이 받고 자란 아이는 성인이 되어 육체적, 정신적 장애를 겪을 확률이 높다는 사실이 밝혀졌다.

한 연구를 통해 드러난 사실이 있다. 쥐를 물속에 빠뜨려 출구를 찾게 하거나 먹이를 놓고 길을 찾게 하는 실험에서 '스트레스 쥐'는 '정상 쥐' 보다 공간학습 시간이 훨씬 많이 걸렸다.

또한 한쪽 방에 전기를 흘려 공포를 느끼게 한 뒤 다음 날 똑같은 실험을 반복해 보았다. 쥐가 공포를 얼마나 잘 기억하는지를 알아본 실험이다. 그 결과 '정상 쥐'는 한 번만 전기 자극을 받아도 다음 날부터는 전기가 흐르는 방에 들어가지 않았다. 반면 '스트레스 쥐'는 아주 둔감한 반응을 보였으며 평소에도 매우 부산한 모습을 보였다.

사람도 마찬가지 결과가 나왔다. 영국 사우샘프턴대 데이비드 바커 교수는 영국 빈민지역인 하트퍼드셔에서 심장병으로 인한 사망률이 높게 나타나는 현상에 주목해 실험을 진행한 결과 스트레스를 많이 받은 어린아이의 경우 평소에 주의력 결핍 및 과잉행동장애를 일으키는 경향이 높다는 사실을 발견했다.

뿐만 아니라 최근 의학계에서는 '태아 프로그래밍'이라는 이론이 대두되고 있다. 이는 비만이나 당뇨, 암, 심장병 등 성인병의 발병이 이미 자궁 속에서 결정된다는 내용이다. 가능한 일일까?

벨기에에서 임신 12~22주 사이에 스트레스를 많이 받았던 임산부에게서 태어난 아이들이 과잉행동장애, 불안장애를 겪는 확률이 높다는 연구 결과가 나온 적이 있다. 비슷한 유전자를 가진 가족에게서도 서로 다른 행동과 질병 패턴이 나타난다면, 자궁에서 지냈던 10개월 동안 어머니의 스트레스 정도를 추적해 볼 필요가 있다는 것이다. 그만큼 어릴 때 받은 스트레스가 중요하다는 반증이다. 또한 웃음의 중요성을 일깨우는 예이기도 하다.

칭찬은
마법의 지팡이다

“칭찬은 돌고래도 춤추게 한다.”

한창 이 문구가 인기를 끌었던 시기가 있다. 한마디로 칭찬은 누구에게나 마음의 흥분을 가라앉히고 의욕을 불러오는 커다란 힘으로 작용한다는 뜻일 게다.

인간의 행위에 관한 중요한 황금률이 한 가지 있다. 이 법칙에 따르기만 하면 분쟁은 피할 수 있고, 친구는 점점 많아질 것이며, 행복 또한 저절로 찾아온다는 것이다. 그러나 이 법칙을 깨뜨리면 곧 끝없는 분쟁에 휘말려 버리고 만다. 이 법칙이란 다름 아닌, 상대방을 칭찬하라는 것이다.

인간은 누구나 다른 사람들에게서 인정받기를 원한다. 자신의 진가를 인정받고 싶어 하고, 자기가 소중한 존재라고 느끼고 싶어 한다. 속이 빤히 들여다보이는 아첨일지라도 칭찬의 말은 어쩐지 기분이 좋다. 아무리 마셔도 배부르지 않은 공기처럼 칭찬은 아무리 들어도 질리지 않는 것 같다.

오히려 칭찬의 말은 들으면 들을수록 힘이 나고, 용기가 솟아오르며, 진취적인 기상이 불타오른다. 이것이 바로 칭찬의 위력이다. 아무리 무능한 사람일지라도 매일같이 칭찬의 말을 듣는다면 점차 능력이 향상되는 것을 관찰할 수 있다. 만일 이 말이 믿어지지 않는다면 오늘부터라도 주변 사람들에게 실험해 보는 것도 좋으리라.

흔히 개를 훈련시킬 때, 개가 조금이라도 잘하면 쓰다듬어 주고 맛있는 먹이를 준다. 누구나 다 알고 있는 이 원리를 왜 사람에게는 응용하지 않는 것일까. 왜 채찍 대신 당근을, 비판 대신 칭찬을 해 주지 않는 것일까. 조금만 잘한 일이 있어도 진심으로 칭찬해 주면 오히려 더욱 분발하게 된다는 원리를 깨닫지 못해서다.

한 예로 카루소의 일대기를 소개한다.

열 살가량의 소년이 나폴리 공장에서 일하고 있을 때다. 성악가가 되고 싶었던 소년은 처음으로 음악 선생님을 만나게 된다. 그런데 그 선생님으로부터 심한 핀잔을 들은 소년은 실의에 빠지고 만다. 소년이 감당하기에는 너무도 심한 채찍이었던 것이다.

선생님은 소년에게 노래와 어울리지 않는 목소리를 가졌다고 말했다. 마치 문짝이 바람에 덜컹거리는 목소리라며 음악을 포기하라고 한 것이다. 그러나 소년의 어머니는 어린 아들을 꼭 끌어안으며 따뜻하게 격려했다. 계속 노력한다면 분명히 훌륭한 성악가가 될 수 있다고.

꿈을 가진 어린 소년에게 계속된 꾸중을 늘어놓았던 선생님에 비해 칭찬과 격려를 아끼지 않았던 어머니의 한마디는 소년의 마음을 움직였다. 그리고 소년이 자신의 욕망을 불태우게 만들었다.

가난한 농부의 아내였던 어머니는 고된 노동을 하면서 소년을 뒷바라지했다. 그리고 점차 소년의 인생은 바뀌어 갔다. 소년은 자라 이탈리아의 유명한 오페라 가수가 되었다. 그가 바로 카루소다.

카루소의 이야기에서도 잘 알 수 있듯 칭찬은 꿈에 다다르는 지름길을 열어 준다. 마음을 자극해 욕망을 불태우고 부추기는 일인 것이다.

비록 작은 일일지라도 잘한 점이 있다면 아낌없이 칭찬해 주어라. 그 칭찬이 좌절로 허우적거리고 있는 사람들의 마음에 희망이라는 발동을 걸어 줄 것이다.

미국의 철강왕으로 잘 알려진 카네기 역시 칭찬의 힘을 보여 주는 대표적인 인물 중 하나다. 그는 결코 남을 비난하지 않았다. 자신이 원하는 대로 직원들이 일을 잘할 때까지 기다리고 계속 칭찬해 주었다. 그것은 카네기가 직원들의 마음을 잘 이해했기 때문이다.

어떤 사람이든 잔소리와 꾸중을 들으며 일하기를 원하지 않는다. 늘 칭찬과 격려의 말을 들으며 일하기를 원한다. 그로 인해 일이 즐겁고 의욕도 생기는 것이다.

사람을 잘 다루기로 유명했던 카네기는 실제 대수롭지 않은 일에도 칭찬을 아끼지 않았다. 그리하여 직원들의 업무능력을 두 배 가까이 발휘시켰다. 흔히 '칭찬은 마법의 지팡이'이라고 하지 않았나. 그것을 실천한 사람이 바로 카네기였다.

남을 칭찬하는 것도 노력을 해야 하며, 꾸준한 일상의 훈련 가운데 진심 어린 칭찬에 익숙한 사람이 될 것이다. 행동 과학자들은 다른 사람이 자신의 가치를 인정하고 자신이 해놓은 일에 대해 칭찬해 줄 때 더욱 분발하고 조직을 위해 적극적으로 행동하게 된다고 말한다.

물론 아무리 좋은 약이라도 지나치게 사용하면 오히려 건강을 해치듯, '마법의 지팡이'라는 칭찬도 지나치면 불쾌감을 느낄 수 있다. 이는 상대방이 아무리 자신을 잘 알고 있는 사람이라고 해도 자기의 전부를 낱낱이 알 수는 없을 것이라는 심리적 불신과 상대방이 혹시 자신을 우습게 여기는 것은 아닐까 하는 모멸감을 느끼게 되는 순간이 있기 때문이다.

성공한 사람은 언제나 웃는다

사람은 누구나 장수하고 성공하길 바란다. 하지만 말처럼 쉽게 이루어지는 일이 아니다. 반대로 무척 어려운 일도 아니라고 생각한다. 개인에 따라 방법의 차이가 있겠지만 문제는 얼마나 많이 웃느냐에 달려 있다. 웃음은 장수와 성공, 이 두 가지 모두를 가장 손쉽게 이루어 낼 수 있는 지름길일 뿐만 아니라 일종의 만병통치약이 된다.

이러한 이유로 웃음은 우리가 하는 모든 일을 즐겁게 만들고, 인간관계를 좀 더 부드럽고 편하게, 흥미롭게 만들며 가정은 물론 직장에서도 밝은 에너지를 주는 삶의 필수 요소로 자리한다. 그러므로 웃음이 끊이지 않는 곳에서는 항상 많은 사람들이 모이는 것이다.

우리는 성공하는 사람들이 인상이 좋거나 항상 웃는 얼굴을 하고 있다는 사실에 주목해야 한다. 웃음이야말로 최고의 마케팅이다. 웃음은 상대방을 끌어당기는 힘이 있으며 상대방의 허물까지도 용서할 수 있는 관용을 베푼다. 이 말을 실증하는 좋은 예가 있다.

커뮤니케이션학 박사인 말콤 쿠슈너의 책에 나오는 일화다. 한 디지털 회사의 영업이사로 임명된 사람이 다른 이사들과 저녁식사를 하던 자리였다. 그는 자신감을 드러내며 3년 내에 세계적인 고성능 다기능 컴퓨터를 개발하겠다고 호언장담했다. 그리고 기간 내에 개발하지 못하면 이미 뒤처진 제품이 되고 말 것이라고 말했다.

이에 함께 자리를 했던 기술이사 중 한 명이 발끈하고 나섰다. 마치 세상을 마음대로 조정할 수 있다는 말이냐며 반색한 것이다. 그러나 영업이사는 재치 있게 상황을 이어갔다. 자신이 세상을 바꿀 수 있다는 것을 아는 데 꽤 오랜 시간이 걸렸는데 기술이사는 식사를 하는 45분 만에 알아차렸다며 칭찬을 한 것이다. 결국 위트가 넘쳤던 영업이사는 기술이사의 걱정을 뒤엎고 2년 뒤 신제품을 생산해 세상의 이목을 집중시켰다.

이렇듯 위기 상황일수록 유머의 가치는 더 커지는 법이다. 아무것도 아닌 것 같지만 자연스러운 분위기 때문에 천 냥 빚도 갚게 되는 것이 바로 유머다. 그뿐인가. 즐거운 환경과 웃음은 경제 가치와 맞바꿀 수 있는 훌륭한 자원이요, 재산이 된다.

사람이 만나 첫인상이 결정되는 시간은 불과 6초 정도라고 한다. 이 짧은 시간 안에 신뢰와 결정, 판단이 모두 이루어지는 것이다. 첫인상을 결정짓는 요소로는 외모, 인상, 목소리 등 여러 조건들이 있지만 그중에서도 웃는 인상이 가져다주는 힘은 아무리 강조해도 지나치지 않다. 무척 중요하다는 말이다.

사회생활을 하며 온종일 머리 아픈 일을 처리해야 하거나 투자에 대한 소득을 극대화시키고 싶다면 유머 파일을 만들어 보는 것도 좋다. 그리고 호시탐탐 그것을 활용할 기회를 노려라. 신문의 카툰이나 적절한 비유, 역설적인 정의 등 격언이나 속담을 활용하는 것도 좋은 방법이 된다. 웃음의 보물 창고야말로 아무리 퍼내도 줄어들지 않는 성공의 엔도르핀 저장소다.

모든 것이 급변하는 무한경쟁의 시대에 실력만이 전부가 아니다. '호감 가는 사람'으로 자신의 이미지를 만드는 데 가장 빠른 지름길은 바로 멋지게 미소 짓는 것이다.

진정한 성공은 사람을 많이 얻는 것이다. 그것이 진정 이기는 스타일을 추구하는 사람이다. 사람을 많이 얻으려면 먼저 상대의 마음을 얻어야 한다. 사람의 마음을 얻는 첫 번째 조건이 바로 웃음이다. 그러니 성공하려면 먼저 웃어라. 항상 부드러운 미소가 얼굴에 감돌도록 만들어라. 표정이 아름다워야 일에서도 사랑에서도 성공할 수 있다.

나는 이긴다

들판에 피는 꽃들은 하나같이 햇빛이 비치는 쪽을 향해 피고 있다. 그래야 건강하고 아름다운 꽃을 피울 수 있기 때문이다. 이처럼 감정이 없는 식물조차도 밝은 쪽을 향해 뻗어 간다.

사람도 마찬가지다. 우울하고 어두운 사람은 주변에 사람이 잘 모이지 않고, 설사 다가왔다가도 도망간다. 이런 사람은 일을 하는 데 있어서도 밝은 면보다는 어두운 면을 먼저 보기 때문에 일의 성과 역시 남들보다 뒤처진다.

사람은 누구나 어린 시절에는 방긋방긋 많이 웃으며 산다. 그러나 어느새 자신도 모르는 사이에 밝은 표정은 점차 어둡게 변하며, 그에 따라 사고방식 또한 부정적인 쪽으로 길들게 된다. 어떤 일에 직면했을 때, 그것을 해석하는 사고방식의 차이는 성공과 실패를 가르는 중대한 잣대가 된다.

긍정적으로 해석하는 사람에게는 아무리 어렵고 힘든 일일지라도 반드시 길이 열린다. 반대로 부정적으로 바라보는 사람에게는 좋은 기회조차 달아나 버리며, 결과적으로 자신이 생각한 대로 실패하고 만다.

스스로 일과 인생에서 실패하기를 원하는 사람은 아무도 없을 것이다. 그러므로 우리는 어떠한 경우에도 밝게 해석하는 습관을 가져야 한다. 자기암시의 과정은 어떤 생각을 받아들이고 그 생각을 현실로 바꾸는 두 가지 단계로 성립된다. 그리고 이 두 가지 작용을 움직이는 것은 무의식, 바로 잠재의식이다.

심리학자들에 의하면 어떠한 생각이 무의식(잠재의식)에 수용되면 그것은 반드시 실현되는데, 이를 자기암시의 효과라고 말한다. 아프리카에서 살던 슈바이처 박사는 암시가 생체의 생활 기능에 어떠한 영향을 미치는가에 관한 충격적이고 놀라운 사건을 목격했다.

아프리카 랑바레네 지방의 토인들은 아이를 낳으면 아버지가 술을 마시고 기분이 몽롱한 상태에서 무엇인가를 중얼거리게 했다. 이때 아버지가 "어깨"라고 말하면 어깨가, "무릎"이라고 말하면 무릎이, 태어난 아이의 터부가 되어 그곳을 맞으면 죽는다고 믿었다고 한다.

하루는 어떤 토인이 바나나 요리를 해 먹은 솥을 씻지 않고 그대로 다른 요리를 만들어 먹었다. 처음 음식을 해 먹었을 때는 아무런 일도 일어나지 않았다. 그런데 한참 시간이 지난 뒤 바나나를 요리해 먹은 솥이라는 사실을 알게 되자 경련을 일으키며 쓰러져 손을 쓸 겨를도 없이 죽어 버렸다. 그 토인에게는 바나나가 터부였던 것이다. 바나나를 먹으면 죽는다는 자기암시에 걸려 있었기 때문에 벌어진 참사였다.

과학적으로 암시의 위력을 나타내는 예는 수없이 많다. 그런데 이 암시의 강력한 힘은 일반적으로 나쁜 쪽 또는 소극적인 방면으로 많이 쓰이는 것 같다.

심리학자 중에는 "의지의 강약은 자기암시로 결정된다"고 단언한 사람도 있지만, 실제로 의지가 약한 사람들 대부분은 '나는 의지가 약하다' 또는 '끈기가 없다'는 자기최면에 걸려 스스로 의지를 약하게 만들고 있다고 한다. 오랜 기간 동안 지녀 온 소극적인 사고방식이 축적되어 실제로 의지가 약한 성격이 형성된 것이다.

우리는 지금까지의 부정적인 생각 대신 긍정적이고 건설적인 사고를 하는 습관을 길러야 한다.

'나는 의지가 강하다. 끈기가 있다.'

실제로 이렇게 말하며 적극적이고 밝고 건설적인 힘이 길러져야 강하고 굳센 의지력을 가진 사람으로 탈바꿈하게 될 것이다.

그렇다고 자신에게 한 번에 '나는 의지가 강하다'라는 암시를 걸 수는 없다. 지금까지 자신의 의지가 약하다고 생각해 왔기 때문이다. 또한 잠재의식이 그 새로운 암시를 쉽게 받아들이지 못하기 때문이다.

아무리 작은 일이라고 해도 그것을 자신의 의지로 성공시키는 경험을 하고, 그 자신감을 토대로 한 걸음씩 발전해 나갈 수 있다는 자기암시를 키워야 한다.

'나는 의지가 강하다.'

스스로 할 수 있다고 믿는다면 지금 당장 괴롭고 힘든 문제의 해결책을 찾아낼 수 있을 것이다.

복싱의 세계적인 스타 무하마드 알리는 시합 전에 언제나 이렇게 단언하곤 했다.

"나는 이긴다. 나는 세계에서 제일 강한 복서다."

그가 세계 최강의 복서로서 그 지위를 이어 갈 수 있었던 것은 순전히 이러한 신념 때문이었으리라.

보통 사람의 잠재의식은 쉬지 않고 활동을 계속하며 우리를 바꾸는 역할을 한다. 때문에 무의식적으로라도 우리는 무엇인가를 단정해서 말하면 안 된다. 예를 들어 징크스를 만드는 일도 이에 포함되리라.

"우유를 마시면 하루 종일 속이 거북하고 비린내가 나는 것 같아."

개인에 따라 또는 체질에 따라 다를 수 있겠지만 이와 같은 말은 자신에게 명령하는 것과 같은 효과가 있다. 우유와 정말 상극이라고 단언하는 것이다. 우유를 물을 마시듯 편안한 마음으로 대해보자. 그렇게 무의식적으로 생각하고 행동할 때 비로소 우리는 바뀔 수 있다.

가난한 사람들이 늘 '나는 왜 가난하게 태어났을까' 하고 한탄하며 지내는 시간이 많은 것도 이에 속한다. 자신에게 명령을 내려 더 이상의 발전을 막는 것이다.

"나는 내 인생에서 꼭 성공하고 말거야. 비록 가난한 집에서 태어났지만 그건 내 인생에 크게 중요한 일이 아니야. 원하는 일을 하며 꼭 성공할거야."

무의식 중에 계속 자신의 성공을 암시하는 사람들은 결국 성공할 수밖에 없다. 간단한 일이지만 쉽게 행동하고 말할 수 없는 것이 바로 자신의 무의식을 다스리는 일이다.

잠재의식을 항상 자신의 이익을 위해 활동하게 만들어야 한다. 언제나 사람의 내면에서 시작해서 외부로 향하는 모든 것을 통제하는 잠재의식이야말로 보이지는 않지만 우리의 모든 행동력과 창조력, 추진력, 정신력을 좌우하는 것임을 잊어서는 안 된다.

성공한 사람들의 경력을 주의 깊게 살펴보면 다음과 같은 사실을 확신하게 된다. 역설적이지만 참으로 많은 사람들이 핸디캡을 갖고 있기 때문에 성공하게 된다는 것이다. 핸디캡을 극복하려는 과정이 노력과 성공의 자극제가 되고 있다는 사실이다.

평생을 인간과 그 잠재능력에 대해 연구해 온 오스트리아의 심리학자 알프레드 아들러는 이런 말을 했다.

"인간의 가장 놀라운 특성의 하나는 마이너스적 요소를 플러스적 요소로 바꾸는 힘이다."

핸디캡을 극복한 사례들은 여러 인물을 통해서도 드러났다. 셰익스피어에 버금가는 영국의 시인 존 밀턴의 경우 시각장애인이라는 핸디캡을 가지고 있었기에 남들보다 뛰어난 시를 쓸 수 있었던 것이고, 청각장애인이었던 베토벤 또한 핸디캡을 가지고 있었기에 뛰어난 작곡을 한 것이 아닐까.

우리가 잘 알고 있는 헬렌 켈러의 경우에도 마찬가지다. 눈과 귀, 그리고 언어장애라는 장벽을 지니고 평생 살아온 그녀지만 자신의 장점을 2천 가지도 넘게 발견했다고 한다. 이것은 그녀가 자신의 장애를 긍정적으로 보고자 했던 의지에서 비롯된 것이리라.

이러한 사람들에게서 뿜어져 나오는 불굴의 힘이란 바로 한계에 부딪혔을 때 발휘된다. 자신의 처지를 비약적으로 끌어올린 사람들은 긍정의 힘을 90% 이상 자신의 몸속에 습관화한 사람들이다. 기억하자. 포기란 말을 포기해야 한다.

나는 고등학교에 재수를 해서 들어갔다. 그리고 퇴학, 무기정학을 당한 경험도 있다. 대학도 재수를 해서 들어간 것은 물론이고 그것도 군대를 다녀와서 합격했다.

대학에 들어갈 때에도 도저히 합격할 수 없는 점수였다. 그러나 대학에 들어가고자 하는 열정이 강했기에, 면접 볼 때 교수님들께 당당하게 소리쳤다.

“합격만 시켜주신다면 술, 담배 끊고 반드시 장학생이 되겠습니다.”

그래서인지 정말 당당하게 합격했다. 그런데 열심히 했는데도 불구하고 학사경고를 받는 등 수많은 좌절을 겪어야 했다. 대학 1학년 1학기가 끝나고 방학 때 집으로 성적표가 날아왔다. 거기엔 이렇게 적혀 있었다.

“귀 학생은 학사경고 1회이므로 2회를 받게 되면 자동 제적됨을 알려드립니다.”

내 생애에서 가장 힘들었던 시절이 바로 그때다. 심한 좌절감이 몰려왔다. 그리고 마음속에는 늘 부정적인 걱정을 안고 살았다.

‘군대 다녀와서 어렵게 들어온 대학인데 만약에 또 퇴학당하면 어쩌지?’

이런 생각들로 정말 많은 눈물을 흘렸던 것 같다. 이후 마음을 다잡고 처음부터 시작했다.

'열정을 가지고 실천하자. 아무리 힘든 일이 닥쳐도 포기하지 말자. 포기를 포기하자.'

이러한 다짐 때문이었을까. 노력 끝에 나는 대학 교수가 되었다. 그리고 국민들에게 웃음으로 건강과 성공, 행복을 안겨 주는 웃음의 메신저가 되었다. 정말 꿈에도 상상 못할 일이었다. 단지 내 꿈은 마이크를 잡는 '펀 리더십 강사'가 되고 싶다는 소박한 것이었는데 그 꿈을 충분히 이룬 것이다.

나는 내 경험을 통해 깨달았다.

'사람에게 불가능이란 없다. 다만 불가능을 스스로 인정하는 사람만 있을 뿐이다.'

이는 인간이 살아가는 데 필요한 돈과 명예도 자신이 만들어 가면 반드시 이룰 수 있다는 말이다. 또한 스스로를 매력형 인간으로 가꾸어 나간다면 주변 여건은 저절로 나의 편이 된다는 것도 잊지 말아야 한다. 그러나 대부분의 사람들은 자신의 약점, 즉 핸디캡에 지고 만다. 생각해 보면 별것 아닌 단순한 약점일 뿐인데도 말이다.

'나는 아무것도 할 수가 없어. 도대체 나에게 무슨 능력이 있단 말인가?'

이렇게 체념해 버리고는 세상을 원망하고 자기 연민에 빠져 허우적거린다. 그러나 현명한 사람들은 이렇게 자문한다.

'이 불행 속에서 나는 어떤 교훈을 얻을 수 있는 것일까? 어떻게 하면 이 상황을 벗어날 수 있을까? 어떻게 하면 이 질병의 고통을, 불우한 가정환경을, 신체적 장애를, 실패라고 하는 마이너스적 요소를 플러스적 요소로 바꿀 수 있을까?'

자신의 삶에 플러스적 요소를 잘 적용시켜 성공한 미국의 한 농부가 있다. 그가 처음으로 농장을 인수했을 때의 일이다.

싼값에 농장을 인수한 그는 기쁨보다는 망연자실해서 일할 용기가 나지 않았다. 토질이 너무 거칠어서 과수원을 꾸민다는 것은 꿈도 꾸지 못할 뿐 아니라 돼지조차 사육할 수 없을 정도였다. 오로지 가시나무 덤불과 방울뱀만이 번성했다. 넋을 놓고 있던 농부는 그 순간 기발한 생각이 떠올랐다. 전혀 반갑지 않은 방울뱀을 이용해 보자는 것이었다.

그는 자신의 농장을 뒤덮으며 기어 다니는 방울뱀을 잡아 고기로는 통조림을 만들었고, 가죽으로는 가방이나 구두의 재료로 가공해 비싸게 내다팔았다. 이후 그는 어떻게 되었을까. 그가 세계적인 대성공을 했음은 두말할 것도 없다. 자신의 삶에서 진정 이기는 스타일을 개척한 것이다. 분명 나는 해낼 수 있다는 집념과 신념, 그것은 진정 행운을 부르는 것이다.

"나는 반드시 이긴다."

돈이 아닌 마음을 읽어야 한다

미국의 자동차왕 헨리 포드는 인간관계의 비결에 관해 이렇게 말한 바 있다.

"성공의 비결이라는 것이 있다면 그것은 남의 입장을 이해하고, 자기의 입장과 동시에 남의 입장에서도 사물을 볼 줄 아는 능력일 것이다."

또 미국의 대통령 존 F. 케네디는 이런 유명한 말을 남겼다.

"당신에게 국가가 무엇을 해 줄 것인가를 기대하지 말고, 국가를 위해 당신이 무엇을 할 수 있는가를 생각하라."

이것은 자신이 상대를 위해 무엇을 할 수 있는지를 잘 생각해 보라는 의미다. 예수의 가르침 가운데 "남이 너에게 베풀어 주기를 원하는 대로 남에게 베풀라"라는 말과도 상통하는 말이다.

이렇듯 평소 상대방의 입장이 되어 생각해 보는 습관은 대단히 중요하다. 한 예로 에머슨 부자(父子)의 이야기가 있다.

에머슨 부자가 송아지 한 마리를 외양간에 넣으려 했다. 그런데 그들은 흔히 누구나 범하는 잘못을 저지르고 있었다. 자신들이 원하는 것만 생각한 것이다. 아들은 송아지를 앞에서 잡아끌고, 아버지는 뒤에서 밀기만 했던 것이다.

송아지 또한 에머슨 부자와 마찬가지로 자기가 원하는 것만 생각하여 네 다리를 뻗고 꼼짝도 하지 않았다. 이를 보다 못해 아일랜드 태생의 하녀가 거들려고 쫓아왔다. 그녀는 학위가 있다거나 책을 저술할 지식은 없었지만, 적어도 그런 상황에서 어떻게 해야 할지는 알고 있었다. 에머슨 부자보다 훌륭한 상식을 지니고 있었던 것 같다.

그녀는 먼저 송아지가 무엇을 원하고 있는지를 알아내려 했다. 그리고 자기의 손가락을 송아지 입에 물리고, 그것을 빨리면서 송아지를 달래 외양간 안으로 끌어들였다. 한낱 송아지가 이러한데 만물의 영장이라는 인간은 오죽하겠는가.

사람의 모든 행동은 마음속의 욕구로부터 생겨난다. 따라서 사람을 움직이는 최선의 방법은 먼저 상대방의 마음속에 강한 욕구를 불러일으키는 것이다.

비즈니스, 가정, 학교, 정치에 있어서 사람을 움직이려고 한다면 이 사실을 명확히 인식해야 한다. 이를 할 수 있는 사람은 만인의 지지를 얻는 데 성공할 것이며, 그렇지 못한 사람은 한 사람의 지지도 얻지 못할 것이다.

오늘도 수많은 세일즈맨들이 제대로 수입을 올리지 못하고 실망한 채 피곤한 몸을 이끌고 거리를 헤맨다. 성공하지 못하는 세일즈맨들의 원인은 자신들이 원하는 것밖에 생각할 줄 모르기 때문이다. 소비자가 사고 싶은 물건이 무엇인지를 고려하지 못하고, 자신의 상품을 억지로 팔려고만 하는 자세가 문제다.

사람들은 누구나 자신의 문제를 해결하는 데 가장 큰 관심을 가지고 있다. 아니, 자기의 문제로 머리가 꽉 차 다른 사람에게는 아무리 절실한 문제라 하더라도 미처 그것을 생각할 만한 마음의 여유가 없다고 하는 편이 옳다.

따라서 소비자의 입장에서는 자기 문제가 해결되고 도움이 된다는 것을 판매원이 증명해 준다면 굳이 사지 말라고 해도 자진해서 사게 된다.

그러므로 세일즈맨이라면 상대방의 입장과 바꾸어 생각해 자신이 팔고자 하는 물건이 왜 상대방에게 필요한가, 나라면 이 물건을 구매하겠는가 하는 점들을 충분히 고려한 후, 상대방을 설득시키는 것이 원칙이다.

'만일 내가 소비자라면 어떻게 느끼고 반응할 것인가?'

늘 자문자답해 보는 자세가 필요하다. 인간관계를 유지하는 데 가장 중요한 것은 상대방의 입장과 바꾸어 생각해 보는 것, 이것이 모든 문제를 해결해 주는 최고의 기술이 된다.

이기는 스타일에는 29가지 비밀이 있다

"지치면 지고 미치면 이긴다."

지금은 글로벌 가수가 된 싸이가 답한 〈강남 스타일〉의 성공 요인이다. 사실 강남 스타일이 세계적으로 흥행할 것이라 예상한 이는 아무도 없었다. 영어로 부르는 노래도 아니고, 싸이 특유의 우스꽝스러운 춤으로 가득한 뮤직비디오가 전부였기 때문이다.

그러나 현재 〈강남 스타일〉은 유투브 조회 수 13억 회를 넘어서는 신화를 써 내려 가고 있다. 에펠탑 공연, 타임스퀘어 공연 등 세계적인 가수들만 공연한다는 장소에서 앞 다투어 싸이를 찾고 있다.

그러나 몇 년 전만 해도 싸이는 재기가 힘들 정도로 대중적인 비난을 받았다. 대마초 사건과 군대 문제 때문이었다. 산업체 대체 복무를 했지만 복무기간 중 공연이나 외부 활동 등으로 불성실 논란에 휩싸였고, 결국 다시 군대를 가게 돼 거의 8년 동안 무대에 서지 못했다.

싸이는 자신만의 스타일로 위기를 기회로 바꾸었다. 현역으로 재입대한 군대에서 100회가 넘는 위문 공연을 통해 장병들의 비난 여론을 잠재웠고 무대의 감을 잃지 않을 수 있었다.

지금도 마찬가지다. 공연을 시작하기 전 싸이는 항상 관객들에게 묻는다.

"미칠 준비됐습니까?"

무대 위에서, 자신의 일에 미쳐 모든 것을 퍼붓는 싸이를 보면 〈강남 스타일〉의 성공이 절대 우연이 아니라는 생각이 든다. 그는 지치면 지고 미치면 성취하는, 진정 이기는 스타일을 실천하고 있는 것이다.

이처럼 이기는 스타일의 비밀은 결코 거창한 것이 아니다. 현재 자신의 삶에 충실한 것이다. 매 순간 자신에게 있는 에너지를 쏟아 붓고 긍정적인 마음으로 집중하는 것이다.

다음은 내가 생각한 이기는 스타일의 29가지 비밀이다. 이것만 제대로 실천한다면 누구나 자신의 분야에서 승리하고 인생에서 이길 수 있을 것이다.

• 이기는 스타일 29가지

1. 성격이 어두우면 지고 밝으면 이긴다.
2. 목소리가 무뚝뚝하면 지고 활기차면 이긴다.
3. 부정적인 마음이면 지고 긍정적인 마음이면 이긴다.
4. 화내면 지고 웃으면 이긴다.
5. 부러우면 지고 축하하면 이긴다.
6. 졸리면 지고 깨어 있으면 이긴다.
7. 흥분하면 지고 웃으면 이긴다.
8. 귀찮으면 지고 재미있으면 이긴다.
9. 무관심하면 지고 흥미를 느끼면 이긴다.
10. 가만히 있으면 지고 움직이면 이긴다.
11. 일이라고 생각하면 지고 놀이라고 생각하면 이긴다 .
12. 시키는 것만 하면 지고 알아서 하면 이긴다.
13. 거기까지만 하면 지고 거기서 조금 더 하면 이긴다.
14. 묻히면 지고 튀면 이긴다.
15. 평범하면 지고 차별화하면 이긴다.
16. 아이디어가 없으면 지고 창의력이 많으면 이긴다.

17. 남보다 한 발자국 앞서면 지고 세 발자국 앞서면 이긴다.
18. 남의 것처럼 하면 지고 내 것처럼 하면 이긴다.
19. 열심히만 하면 지고 잘하면 이긴다.
20. 생각을 멈추면 지고 끊임없이 생각하면 이긴다.
21. 원하면 지고 간절하면 이긴다.
22. 혼자 하면 지고 같이 하면 이긴다.
23. 찾지 않으면 지고 찾아보면 이긴다.
24. 자료가 없으면 지고 정보가 넘치면 이긴다.
25. 단순하면 지고 응용력이 있으면 이긴다.
26. 몸에 이산화탄소가 많으면 지고 산소가 많으면 이긴다.
27. 자신을 표현 안 하면 지고 적극적으로 프레젠테이션 하면 이긴다.
28. 인맥이 없으면 지고 인간관계를 넓히면 이긴다.

마지막으로 무엇보다 중요한 것은 여전히 이 비밀을 모르면 지는 것이고, 이제부터라도 깨닫고 실천한다면 이기는 것이다.

진짜 웃음을 웃어라

미국의 유명한 철학자 윌리엄 제임스가 말했다.

"우리는 행복하기 때문에 웃는 게 아니고, 웃기 때문에 행복하다."

사람은 누구나 웃을 수 있다. 웃는 행위는 사람의 본능 중 하나다. 다만 많이 웃는 사람과 조금 웃는 사람이 있을 뿐이다. 그렇다면 웃음이 사람에게 어떤 유익을 주며 그 효과는 무엇일까.

첫째, 친화 작용

타인과 웃으며 대화하면 한결 부드러운 관계를 만들어 갈 수 있다. 긴장을 풀고 상대의 입장에 서서 웃음을 나누는 것이다. 처음 대하는 상대와 마주 보고 회의할 때도 먼저 유머를 끌어낼 수 있다면 이전의 긴장감은 단숨에 풀린다. 친밀감이 생기는 것이다.

서로 싸우다가도 한쪽에서 웃어 버리면 싸움이 되지 않는다. 친화를 의미하는 웃음은 싸움의 포기이자 화해를 의미하기 때문이다. 먼저 웃게 되면 대화도 부드럽고 일도 순조롭게 풀린다.

그러나 살다 보면 그 반대의 경우도 만나게 된다. 그다지 마음에 내키지 않는 사람들과도 대화를 해야 하는 경우가 있다. 사실 이때 웃음을 끌어내려는 노력이 필요하다. 이때야말로 웃음은 삶의 윤활유가 된다는 사실을 더욱 기억해야 한다.

둘째, 유인 작용

웃음이 있는 곳에는 자연히 많은 사람이 모이게 마련이다. 재미있는 듯해 호기심이 발동한다.

"뭘까?"

이런 경우 대부분의 사람들은 호기심으로 무리에 다가가 슬그머니 그 속에서 어울리고 싶어 한다.

일본에서는 기업의 신입 사원 연수 과정에 반드시 웃음의 중요성을 설명하는 시간을 넣는다고 한다. 이것은 대인관계에서 웃음

띤 얼굴이 얼마나 중요한지를 알려 주는 기업의 경영 정책이다.

"재미있는 일이 없는데 웃을 수 있습니까?"

이렇게 묻는 사람이라면 대인관계를 잘 끌어가야 하는 사회생활에서 부적합한 인물이라고 평가한다.

대학을 졸업하고도 취직이 어려운 요즘이다. 그런데 별다른 학연이나 지연도 없고 그렇다고 뛰어난 성적으로 졸업한 사람도 아닌데 취직했다는 말을 들으면 그 사람만의 특별한 것을 발견할 수 있다. 바로 웃음이다. 인상 좋은 웃음에는 상대방을 끌어당기는 힘이 있기 때문이다.

셋째, 해방 작용

어느 대학의 교수가 너무나 권위적인 나머지 학생들은 그 앞에 나가면 완전히 얼어붙어 말조차 더듬거렸다. 그러던 어느 날 교수가 교단에서 "뽕"하고 방귀를 뀌었다. 강의를 듣던 모든 학생들이 크게 웃음을 터뜨린 것은 빤한 일이었다.

이후 학생들은 속박에서 풀려난 듯 가벼운 마음으로 교수를 만날 수 있었다고 한다. 그렇지만 엄격한 교수라는 생각에서 벗어난 것은 아니라고 했다. 다만 웃음으로 불필요한 장막이 사라졌던 것이다.

넷째, 웃음의 전염

웃음이란 공연스레 일어나기도 한다. 또 필요하다면 살짝 웃는 표정을 지을 수도 있고, 갑자기 "와하하하" 하고 웃을 수도 있다. 한자리에 모인 사람들이 웃자고 약속을 하고 동시에 억지웃음이나마 웃다 보면 그 사람의 표정이 우스워 이번에는 진짜 웃음이 터진다. 그것이 우습다고 또 웃고, 다시 웃고….

이렇듯 웃음에는 강력한 전염성이 있다. 즐거운 기분으로 바꿔주고, 모든 인간관계를 원만히 해 주는 것이 웃음이라는 사실을 새롭게 인식할 필요가 있다.

웃음 속에 희로애락이 다 표현되어 있기는 하지만 진정한 웃음은 기쁨과 즐거움의 감정을 소리로 내는 것이다. 또한 우리가 웃거나 웃지 않는 문제는 간단한 표정의 차이가 아니라 건강과 매우 밀접한 관계가 있다는 사실을 알아야 한다.

유쾌한 웃음은 동서고금을 막론하고 건강과 행복의 상징으로 여겨졌다. 한방에서는 칠정(七情), 즉 감정에 따라 인체 기(氣)의 흐름이 달라진다고 했다. 그래서 웃음으로 인해 생기는 감정이 기의 흐름을 부드럽게 만들 수 있다는 것이다.

이미 밝혀진 웃음의 생리적 효과는 뇌하수체에서 엔도르핀을 생성해서 자연 진통제 효과를 발생한다는 것과 동맥이 이완되어 혈액순환을 돕는다는 것이다. 또한 혈압을 낮추고, 스트레스와 분노, 긴장을 완화시켜 심장마비와 같은 돌연사를 예방한다. 그뿐 아니라 면역력을 높여 감기와 같은 감염성 질환이나 암, 성인병에 대한 저항력을 높인다.

웃음은 자신감과 열정의 표현이고 리더십의 완성이다. 이러한 주장을 뒷받침해 주는 재미있는 실험 한 가지가 있다. 자신감이 있는 사람의 뇌와 소극적인 사람의 뇌를 동시에 촬영해 보았더니 소극적인 사람의 뇌 활성률이 적극적인 사람에 비해 20%나 적게 나왔다고 한다. 웃음이 자신감, 사랑, 아름다움, 성공, 건강, 리더십 등을 배가시킬 수 있는 가장 좋은 방법임을 증명한 것이다.

웃음은 이렇게 놀라운 효과와 능력을 지녔지만 도구, 장소, 예산, 기법 등의 까다로운 조건을 전제로 하지는 않는다. 그저 웃을 수 있는 마음가짐만 있으면 된다.

요즘 웃음치료가 직장, 학교, 병원 등으로 점차 확산되고 있는데, 웃음의 가치는 돈으로 환산할 수 없을 만큼 값진 보약이다. 웃음은 공장 없이, 원료 없이 돌아가는 애국기업인 것이다. 그리고 웃는 한 사람 한 사람이 모인 그 공장의 주인이 되는 셈이다. 그러니 웃을 수 있는 사람, 웃을 마음의 준비가 되어 있는 사람은 얼마나 큰 부자인가.

진정한 부자는 재산이 많은 사람을 이르는 말이 아니다. 웃음의 양, 즉 웃을 수 있는 능력과 시간을 많이 가진 사람을 뜻한다.

실제로 장수하는 사람들은 낙천적인 성격에 많이 웃으면서 삶을 즐겁게 살아온 사람들이 대부분이다.

옛날부터 우리나라는 자주 웃는 사람을 두고 이렇게 표현했다.

"실속이 없어. 허파에 바람이 들어간 거 아니야? 왜 그리 사람이 헤퍼."

이러한 부당한 편견이 있었다. 그렇지만 웃음은 자신의 건강은 물론 타인에게까지 기쁨과 활력을 불어넣어 밝고 명랑한 사회를 만드는 데 큰 도움이 된다. 그러니 우리 삶에서 진정 웃음으로 이기는 스타일이 되어야 한다. 더 많은 웃음을 통해.

02
지는 스타일
—
스트레스

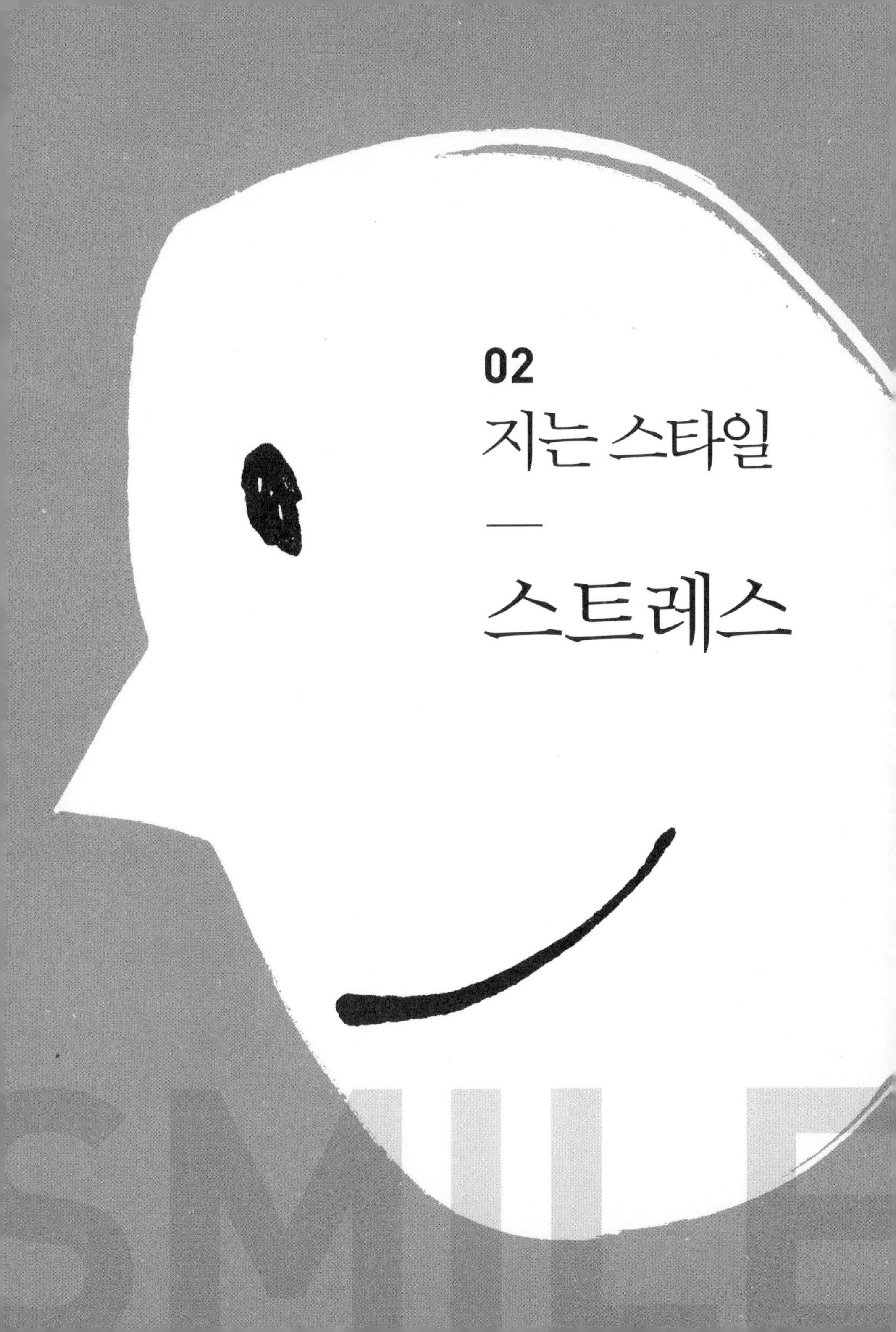

타인의 지옥이 된다

우리나라에서 많이 사용되는 외래어 중 1위가 무엇일까? 그것은 안타깝게도 '스트레스(stress)'라는 단어다. 우리나라의 경우 많은 직장인들의 직무 스트레스가 세계 1위다. 이로 인해 1년에 11조의 경제적 손실이 발생한다고 한다. 또한 3대 사망의 원인이 암, 뇌혈관 질환, 심혈관 질환인데 이 병에 걸리는 이유를 분석해 보면 70%가 스트레스로 인해서였다.

선진국에서는 스트레스로 인해 GNP의 10%의 손실이 있다는 보고서도 있다. 많은 사람들이 스트레스로 인해 무기력해지고 주위가 산만해져 집중력이 떨어진다고 보고 있는 것이다. 이러한 증상으로 인한 산업재해가 무려 30%나 증가한다고 한다.

사람은 하루에 5만 가지의 생각을 하는데 96%가 쓸데없는 생각이라고 한다. 또한 그중 75%가 부정적인 생각이다. 이러한 생각으로 스트레스가 쌓이다 보면 창의적인 사고를 할 수 없고 즐겁게 일할 수도 없게 된다.

이렇듯 현대인은 매일같이 스트레스를 받으며 살아간다고 해도 과언이 아니다. 이를 사르트르는 '타인의 지옥'이라고 표현했다. 인간이 사회적 동물인 이상 스트레스에서 벗어날 수 없다는 얘기다.

요즘엔 스트레스를 받는 것이 당연시되고 있다. 나 자신을 좀먹고 정신과 육체를 서서히 괴멸시키는 스트레스는 마치 우리가 매일 들이마시지만 눈에는 보이지 않는 공기와도 같다. 그래서 그 중요성을 인식하지 못한 채 방치되는 것이다.

심지어 약간의 스트레스는 일의 효율을 높이는 필요악이라고까지 말하는 사람들도 있다. 이는 확인되지 않았지만 스트레스로 인한 긴장 상태를 유지하는 것이 일의 능률을 높이는 데 도움이 된다는 이유에서다. 시간 관리, 인간관계, 여가 생활 등 모든 일상생활에서 이러한 긴장은 필요하다는 것이다.

우리는 어떤 한 가지 일에만 몰입하려고 노력해도 바로 잡념이 생긴다. 그러나 웃을 때만큼은 다른 어떤 생각도 전혀 하지 못하게 된다. 웃는 일에만 몰입하게 되는 것이다. 그만큼 웃음은 열정으로 몰입과 집중을 유도한다.

우리가 병에 쉽게 걸리는 것도 집중을 하지 못하기 때문이다. 사회생활에서 오는 스트레스로 머리가 복잡해지고 그로 인해 쓸데없는 걱정들을 하고 사는 사람들이 대부분이다. 이러한 환경이나 심리적인 요인으로 발생하는 정신장애와 신체장애, 즉 심인성 질환을 앓고 있는 사람들이 많다고 한다.

과거 한 실험을 통해 우리는 스트레스가 몸과 마음에 얼마나 치명적인지를 알 수 있다. 생물체인 암 덩어리를 잘라 내어 죽이는 실험을 하면 잘 죽는다고 한다. 그런데 그 생물에 정신, 마음, 스트레스를 주면 암이 잘 죽지 않는다고 한다. 암세포를 더욱 번식시키는 것이 스트레스라는 증거다.

그렇다면 우리가 지속적으로 스트레스를 받을 때 과연 우리 몸에서는 어떤 일이 벌어질까? 스트레스가 정말 병의 발생이나 진행에 영향을 미치는 것일까?

보통 암의 발생 원인 중 가장 첫 번째로 스트레스를 꼽는다. 실제 많은 현대인들이 스트레스로 인해 자신도 암에 걸릴 수 있다는 공포에 시달리고 있다. 그렇다면 이러한 암의 발생이나 진행을 억제하는 방법은 없는 것일까?

스트레스로 인한 여러 가지 사례들을 볼 수 있는데 그중 암 말기 환자에 대한 이야기는 무척 인상적이었다. 암 말기라는 진단을 받고 1년의 시한부 인생을 선고받은 사람이 자신의 주변을 정리한 뒤 공기 좋은 시골로 내려가 남은 시간 최선을 다해 살았다고 한다. 그런데 처음 의사의 진단과는 달리 5년이 지난 후에도 죽지 않고 건강하게 산 것이다. 과연 이러한 일이 어떻게 가능한 것일까?

스트레스는 우리 몸의 내분비계를 활성화시켜 신체 방어 작용인 면역계를 약화시킨다. 이로 인해 갑상선 질환이나 당뇨병, 암 등의 병에 걸릴 수 있다는 것이 현대의학의 결론이다.

실제 스웨덴의 살그렌스카 아카데미(Sahlgrenska Academy)의 헬게슨(Helgesson) 박사 팀이 38~60세 사이의 여성 1,462명을 대상으로 연구한 결과에 따르면, 스트레스를 받았던 여성들이 스트레스를 받지 않았던 여성에 비해 유방암에 걸릴 확률이 약 두 배나 높았다.

연구팀은 피실험자들을 대상으로 과거 5년 사이에 한 달 이상 스트레스를 받은 적이 있는지를 물었다. 이때 받은 스트레스는 가족이나 직업과 관련된 긴장, 불안, 걱정, 불편 등을 말하는 것이다.

그리고 5년, 12년, 24년으로 나눠 세 차례에 걸쳐 후속 건강진단을 실시했다고 한다. 그 결과 스트레스가 유방암 발생에 커다란 영향을 끼치는 것을 확인할 수 있었다고 한다. 스트레스가 건강과 결코 무관하지 않다는 사실을 입증한 셈이다.

스트레스를 받지 않고 살아갈 수 없는 이 시대에 우리는 어떻게 하면 스트레스로부터 몸과 마음을 해방시킬 수 있을지 고민해 봐야 한다. 그래야만 진정 타인의 지옥이라 불리는 스트레스에서 벗어날 수 있을 것이다.

• 스트레스를 받았을 때 내적 반응

1. 근육이 경직된다.
2. 눈이나 목의 통증이 있다.
3. 심장박동이 빨라져 숨이 차거나 가슴이 답답하다.
4. 설사 또는 변비가 생긴다.
5. 소화가 안 된다.
6. 심장이 두근거린다.
7. 여성은 생리 주기가 변한다.
8. 위장 장애를 일으킨다.
9. 초조해진다.
10. 콜레스테롤 수치가 증가한다.
11. 해소되지 않는 피로감을 느낀다.
12. 혈압이 올라간다.

• 스트레스를 받았을 때의 외적 반응

1. 공연히 눈물이 자주 난다.
2. 근육 경련이 자주 일어난다.
3. 눈을 자주 깜빡거린다.
4. 두드러기가 나거나 가려움증이 생긴다.
5. 분노를 분출하고 욕설을 한다.
6. 손이 차거나 땀이 난다.
7. 수면 습관의 변화가 온다.
8. 술, 담배, 약물 사용이 증가한다.
9. 안절부절못한다.
10. 얼굴을 자주 붉힌다.
11. 얼굴을 자주 찌푸린다.
12. 이를 간다.
13. 이상하게 자꾸 말을 더듬는다.
14. 체중이 급작스럽게 늘거나 줄어든다.
15. 평소 좋아하던 음식이 싫어지는 등 식욕의 변화가 온다.
16. 평소와 달리 땀을 많이 흘린다.
17. 한숨이 자주 나온다.
18. 현기증을 일으키거나 심하면 졸도한다.
19. 호흡이 얕아진다.

이기는 스타일로 대처하라

농장에서 경쾌한 음악을 들으며 자란 식물이나 소, 돼지, 닭 등은 수확량이 증가한다는 실험 결과가 있다. 그리고 두 개의 관상용 식물을 준비해 한 개의 화분에는 매일 따뜻한 손길로 사랑을 주고, 또 다른 화분은 무시하며 방치했더니 사랑을 받은 화분이 훨씬 생기가 넘쳤다는 예도 있다.

다른 실험도 살펴보자. 두 개의 물컵을 준비해 한 개의 컵에는 부정적이고 절망적인 단어를 적어 넣고 매일 욕을 했고, 다른 하나의 컵에는 긍정적이고 희망적인 단어를 적어 넣은 뒤 사랑을 주었다고 한다.

그런데 결과가 매우 놀라웠다. 부정적인 컵에 담긴 물은 빨리 썩어 버리고 말았다.

스트레스는 단순히 외부 압력에 의한 영향만으로 발생하는 것이 아니라 자신과 환경의 상호작용으로 구성된다. 때문에 스트레스를 얼마나 받느냐, 또는 얼마나 잘 극복해 내느냐에 따라 현대인의 성공과 실패, 행복과 불행이 결정된다고 해도 과언이 아니다. 우리가 느끼는 불행, 슬픔, 고통은 사실 어떤 감정과 대상으로부터 스트레스를 받아야 생기는 육체적인 감각이기 때문이다.

직장생활을 하다 보면 끊임없이 자신을 괴롭히고 지치게 만드는 일들이 있다. 이러한 일들은 좋은 일보다도 훨씬 많다. 무수한 사건과 감정이 얽혀 치열한 경쟁 속에서 시달리다 보면 지금까지 일을 잘하던 긍정적인 사람도 어쩔 수 없이 각종 스트레스에 시달리게 마련이다.

"이 일은 반드시 오늘 끝내야 해."

"올해는 꼭 승진할거야."

"이번엔 꼭 이겨야지."

"내년에는 꼭 내 집을 마련해야지."

계획이나 목표, 또는 어떤 대상을 두고서 결심하는 모든 생각들은 알게 모르게 우리의 정신과 육체를 피로하게 만든다. 바로 스트레스를 받는 것이다.

평소에 이러한 강박관념에서 벗어나지 못하고 늘 시달려 왔다면 아무리 노력해도 스트레스에서 벗어나기 힘들다. 이런 이유 때문에 오늘날 현대인들에게는 스트레스를 받으면서도 끈기 있게 자신의 목표를 수행할 수 있는 사고와 감정의 조절, 정신력을 강화할 수 있는 기술이 필요한 것이다.

인생을 좀 더 행복하게 살기를 원한다면, 짜릿한 성공을 원한다면 스트레스의 정체를 정확히 파악한 후 그것을 효과적으로 없애거나 관리해야 한다.

"첫째, 즐겁게 일하라."

금세기 최고의 경영자라고 칭송받는 잭 웰치는 재임 기간 동안 회사 브랜드 가치를 60배나 올리고 난 후, 성공 비결을 묻는 질문에 이렇게 답했다.

"즐겁게 일하고 즐겁게 놀았다."

이처럼 피할 수 없으면 즐기는 것이 상책이다.

재미없는 대학교수 일을 그만두고 지금은 대한민국 최초의 웃음치료사가 된 나는 이 일이 너무나 즐겁다. 하루 평균 300킬로미터를 이동하는 스타강사가 되어 즐겁게 일하고 있다. 때로는 일이 힘들어도 즐겁게 일하자고 마음먹으면 의외로 일의 효율과 만족도가 높아진다. 스트레스가 줄어든 때문이다.

"둘째, 다르게 생각하고 몰입하라."

애플을 만든 스티브 잡스는 "다르게 생각하는 것이 성공 비결이다"라고 강조했다. 남과 다르게 창의적인 사고를 했다는 것, 즉 고정관념을 깼다는 사실에 주목해야 한다. 스트레스의 대부분은 스스로 고정관념에 사로잡히는 것에서 비롯된다. 스트레스를 받지 않는 것은 물론, 나아가 창조적인 사고를 하기 위해서는 기존의 틀과 사고를 깰 수 있는 용기와 자신감이 필요하다.

자신이 하는 일에 대해 즐겁게 몰입하는 사람들, 고정관념을 깨고 자신의 일에 철저히 미친 사람들은 스트레스에 빠질 시간이 없다. 설령 스트레스를 받는다고 해도 잘 극복한다. 즐겁게 일에 몰입하는 삶은 스트레스를 잊은 삶이다. 2008년 세계 최고의 부자가 된 워렌 버핏도 강조했다.

"열정에 따르라."

열심히 최선을 다해 자신이 하는 일에 미친 듯 몰입하라는 말이다.

"셋째, 욕심을 버려라."

대부분의 스트레스는 마음에서 비롯된다. 남보다 앞서야 하고 인정받고 싶다는 욕심이 최대의 원인이다. 〈개미〉의 작가 베르나르 베르베르는 말했다.

"가장 똑똑한 뇌는 현재 만족하고 있는 뇌다."

과욕보다는 현실을 직시하고 최선을 다하는 자세가 스트레스를 관리하는 최선의 방법이라는 것이다.

스트레스는 분명히 이겨 낼 수 있고 치료가 아닌 관리의 대상이라는 것을 명심해야 한다. 어떻게 관리하느냐에 따라 우리가 원하는 그 이상의 건강과 성공, 그리고 행복을 가져다주는 도구이기 때문이다.

• 스트레스가 쌓이는 생활습관

1. 절대로 운동하지 않는다.
2. 먹고 싶으면 배부르게 먹는다.
3. 커피, 담배, 음료수, 콜라 등 흥분제를 많이 섭취한다.
4. 명상, 산책, 등산, 취미생활을 전혀 하지 않는다.
5. 이웃, 직장 동료와의 관계를 단절한다.
6. 유머와 웃음을 즐기지 않는다.
7. 모든 것을 혼자 해결하려고 한다.
8. 야근을 즐기며 일 중독자가 된다.
9. 불규칙적인 생활을 한다.
10. 완벽주의자가 된다.

• 스트레스가 쌓이지 않는 생활습관

1. 지금 당면한 문제가 무엇인지 파악하라.
2. 적극적으로 대응하라.
3. 한 가지 문제에 언제까지나 매달리지 말라.
4. 가끔은 혼자 있어라.
5. 여유와 유연성을 가져라.
6. 설령 자신이 옳을 때라도 양보하라.
7. 지는 것에 익숙해지고 완전주의자가 되지 말라.

8. 지나친 흥분이나 긴장을 하지 말라.
9. 타인에게 베풀라.
10. 규범에 어긋난 일을 하지 말라.
11. 과로하지 않고 한 번에 한 가지 일만 하라.
12. 환경을 바꾸어 보라.
13. 취미생활을 즐기며 충분한 수면을 취하라.
14. 수다를 떨 상대를 마련해 두라.
15. 지나친 경쟁을 하지 말라.
16. 화가 날 때는 화를 내라.
17. 여가 생활과 유머와 웃음을 즐겨라.
18. 예스와 노를 분명히 하라.
19. 잘못을 바로잡아라.
20. 변명을 하지 말라.
21. 남을 원망하지 말라.
22. 불평의 원인을 분석하라.
23. 현실적으로 대처하라.
24. 일상적인 규칙과 사고를 탈피하라.
25. 유머를 즐기고 잘 웃어라.
26. 현재에 만족하고 감사하라.

행복의 필수조건은 웃음이다

스트레스란 자신의 의식과 무의식적 욕구에서 나타난다. 이러한 것들이 현실에서 채워지지 않았을 때 받는 정신적, 신체적 변화다. 욕구는 생존에서 비롯된다. 즉 스트레스는 생존에 위협이 가해졌을 때 느끼는 판단이다. 반대로 생존에 위협이 없다고 느끼는 것이 바로 쾌락과 행복이다. 이러한 느낌은 무척 관념적이다.

사람은 무의식적으로 부정적인 사고를 갖는다. 무의식적으로 보다 안전한 생존 방법을 찾는다는 말이다. 따라서 노력하지 않으면 부정적 감정인 스트레스 상태에 휩싸이기 쉽다. 즉 성공과 실패에 대한 관념적 사고를 바꿈으로써 스트레스를 극복해야 한다.

이는 의식적으로 긍정적이고 낙관적인 사고를 갖는 습관에서 시작된다. 이러한 노력을 통해 현대인의 생활에서 만나게 되는 수많은 스트레스 상황을 견딜 수 있게 되고 그 강도를 낮출 수 있다.

불교에서 가르치는 마음가짐이 있다.

"헛된 욕망과 그릇된 집착에서 벗어나라."

작고 하찮은 것일망정 소중하게 여기고 만족할 줄 아는 소욕지족의 삶을 살아야 한다는 가르침이다. 또한 〈불유교경〉에 이런 글귀가 있다.

"만족할 줄 모르는 자는 비록 부유한 듯해도 가난하고, 만족할 줄 아는 자는 비록 가난한 듯해도 부유하다."

성경에서도 찾을 수 있는 가르침이 있다.

"주 안에서 항상 기뻐하라. 내가 다시 말하노니 기뻐하라."

이처럼 우리는 부족해도 부유한 듯 살고, 어느 곳에 있든 무슨 일을 하든 항상 기뻐하며 살아야 한다. 그것이 장수와 건강의 지름길이다.

그렇다면 스트레스를 가장 효과적으로 조절할 수 있는 방법은 무엇일까? 바로 웃음이다.

미국의 캘리포니아 주 로마린다 의대에서 진행했던 연구 결과가 의학계의 관심을 불러일으켰던 적이 있다. 리 보크 교수와 스텐리 교수는 웃음과 면역 체계에 대한 연구를 했다.

두 사람은 열 명의 건강한 남자들에게 한 시간 동안 재미있는 비디오를 보여 준 뒤 시청 전과 후의 혈액 속 면역체의 정도를 측정했다. 그 결과 사람이 웃을 때에는 체내에서 병균을 막아 주는 항체인 인터페론 감마 호르몬이 많이 분비된다는 사실을 발견했다.

이외에도 미국 펜실베이니아 대학의 교수의 저서 〈학습된 낙천가〉에는 심장마비를 일으켰던 96명을 면밀히 조사한 보고서가 수록되어 있다. 그 결과는 부정적인 사람으로 분류된 16명 중에 15명이 사망했으며, 긍정적인 성격의 소유자 16명은 그중 5명만 사망한 것으로 나타났다.

이 교수는 특히 학생들의 경우 웃음이 많은 긍정적인 학생의 학업성적이 더 높았고, 스포츠 분야에서 더 두각을 나타냈으며, 보험회사 생활설계사의 경우에도 긍정적인 사람이 훨씬 더 높은 실적을 올렸다고 지적했다.

소문만복래라는 말이 있다. 이는 웃는 집에 만 가지 복이 깃든다는 뜻이다. 웃음은 행운도 불러들이는 힘이 있다. 흔히 행운은 신이 내린다고 말하지 않던가. 그렇다면 웃음이 신을 불러 복을 내리게 한다는 말이 되니 결국 사람은 스스로 행불행을 만들어 가는 존재라고 해도 과언이 아니다. 이렇듯 웃음은 모든 것을 가능케 한다.

웃음도 튀어야 산다

난센스퀴즈인데 맞춰 보자.

"세종대왕의 성은 무엇일까?"

이렇게 물으면 대부분의 사람들이 "이 씨, 남자, 세 씨, 세종, 경복궁, 돈"이라고 대답한다. 그런데 모두 오답이다. 정답은 납 씨다.

"세종대왕 납~씨오."

또 다른 난센스퀴즈가 있다.

"나는 사과를 좋아한다. 그런데 내 사과를 쥐가 먼저 파먹어 버렸다. 그렇다면 이 사과의 이름이 뭘까?"

이 문제에 대한 대답도 다양했다.

"쥐사과, 애플, 쥐가 파먹은 사과."

모두 아니다. 정답은 파~인애플이다.

최근 전 세계에서 가장 많이 팔린 책이 무엇일까 생각하다, 혹시 성경은 아니까 하는 생각에 미쳤다. 그런데 최근 10년간 세계적인 베스트셀러가 된 베르나르 베르베르의 〈개미〉였다. 많은 독자들의 사랑은 받은 이 책은 한국에서 유독 인기를 끌었다. 한국 독자와 만나기 위해 작년 6월 베르나르 베르베르가 한국을 찾았다. 당시 그가 했던 말은 꽤 인상적이었다.

"가장 똑똑한 사람과 가장 똑똑한 뇌는 Now Here."

현재 여기에 앉아 있어야 한다는 말이다. 지금 이 순간을 피하지 않고 즐길 때, 결국 즐기는 사람이 똑똑한 거라는 얘기다. 만약 강의를 듣는 시간에 다리를 꼰 채, 팔짱을 끼고 딴생각을 하고 있다면 다른 강의 시간에도 또 다른 강사의 강의를 들을 때도 똑같다는 말이다. 본질이 바뀌지 않기 때문이다.

이런 사람들은 죽는 순간까지 팔짱을 끼고 있다고 한다. 아무리 시간과 공간을 초월하고 장소가 바뀌었다고 해도 그 본질은 변하지 않는다. 그러나 우리가 잘 웃으려면 이러한 본질을 버려야 한다.

"Now Here."

지금 이 순간을 피하지 말고 받아들여라, 즉 맞짱 뜨는 사람이 가장 똑똑하다는 말이다. 이 순간부터 크게 웃어 보자. 손뼉을 치면서 박장대소해 보자. 그리고 요절복통, 포복절도하도록 웃어 보자. 배가 아프도록 웃어 보자.

"으하하하하."

처음엔 다리가 먼저 웃는다. 그리고 배가 웃는다. 차츰 가슴이 웃고, 눈이 웃는다. 마지막으로 손이 웃는다. 이렇게 웃으려면 양자택일을 해야 한다. 야구를 할 때도 1번 타자를 할 것이지 4번 타자를 할 것인지, 또는 동물원에 있는 제일 힘센 사자가 되고 싶은지, 아니면 자유롭게 세상을 마음껏 돌아다니는 치타가 되고 싶은지. 그리고 온실에서 아주 편하고 예쁘게 성장한 장미꽃이 되고 싶은지, 아니면 힘들지만 자연과 함께 숨 쉬며 아무리 밟아도 시들지 않는 들꽃이 되고 싶은지 양자택일을 해야 한다는 말이다.

누구나 4번 타자가 되고자 할 것이고, 치타보다는 사자가 되길 원할 것이다. 또한 시들지 않는 들꽃이 되고 싶을 것이다.

우리가 웃는 것, 노는 것 역시 이와 마찬가지다. 남들과 똑같이 웃지 말고 독특하게, 특별하게 차별화해야 성공하는 법이다. 독창적인, 남이 가지 않는 길을 가야 한다. 튀어야 살 수 있는 시대다.

우리 센터에서는 매주 화요일 1시에 시작하는 웃음치료 수업이 있다. 웃음치료에 참가하는 사람들은 대부분 우울증과 암 환자가 많다. 그분들 중에 나에게 이메일을 보내 주신 분이 있다. 그분은 2년 전 자궁암과 뇌종양, 그리고 유방암까지 걸렸다고 했다. 그러면서 나에게 살고 싶다고 간절히 호소했다. 그분은 왜 이런 나쁜 것이 자신에게로 왔는지 생각하며 우리 센터에 매일 와 울다가 웃고 갔다.

1년 뒤, 그분에게 메일이 왔다.

"교수님. 저 1년 동안 매일 웃으며 지냈더니 암이 나았어요. 그래서 여성개발원에 취직도 했어요."

정말 대단한 분이라는 생각이 들었다. 그리고 웃음은 상상할 수 없을 정도로 좋은 효과가 있다는 것을 알게 되었다. 메일을 받던 그날 나는 센터에서 강의를 하면서 또 한 번 크게 웃었다. 그리고 그곳에 모인 분들에게도 큰 웃음을 계속 강요했다. 계속 강요해도 웃음은 부족하다는 생각이 들어서였다.

내가 먼저 웃어야 다른 사람도 즐겁다. 내가 먼저 큰 동작을 보이며 박장대소해야 다른 사람들도 나를 보고 따라하게 된다. 한국 사람들은 웃는 것을 상당히 두려워하고 창피하게 생각한다. 그래서 나는 먼저 웃는 일을 시작했다.

"저는 이제 웃는 일이 쉬워요. 항상 긍정적인 마음으로 생활하기 때문에 계속 웃음이 나옵니다."

웃음은 일단 마음을 즐겁게 해 주고 직장 내의 스트레스를 줄여 준다. 또한 가정의 평화를 위해, 건전한 문화를 즐기기 위해서는 꼭 필요하다. 나는 매일 감사하며 행복하게 지내려고 노력한다. 이보다 더 좋은 일은 없는 것 같다. 그래서 만약 다시 태어날 수 있다면 계속 이 일을 할 것이라고 매일 다짐하곤 한다.

처음 웃음치료를 할 때는 사람들의 반응이 거의 없었다. 의료적인 치료에 비해 좀 우습게 보였던 모양이다. 그러나 지금은 여러 병원에서 웃음치료를 해 달라는 요청을 받는다.

작년에 여러 병원장님들을 모시고 강의한 적이 있다. 지금 미국의 병원들은 웃음치료가 유행할 정도로 적극적으로 웃음치료를 권장하고 있다. 동영상을 찍어서 환자들에게 계속 보여 주기도 하고, 실제로 웃음치료 강의를 하기도 한다.

요즘은 의사들도 사고가 많이 열렸다. 의사가 못 고치는 병을 누가 고치겠는가 생각하겠지만 대안 의학, 대체 의학, 통합 의학이라고 불리는 좋은 웃음, 좋은 물, 좋은 향기 같은 것을 치료 요법으로 제시하고 받아들이고 있다. 의료계도 인정하고 통합치료를 권장하는 이유이기도 하다.

한국 사람들은 상당히 보수적이다. 그런데 요즘은 웃음이 건강에 얼마나 효과적인지 깨닫는 분들이 많아 웃음치료를 인정해 주고 있다. 처음 강의를 시작할 때까지만 해도 "무슨 치료 효과가 있겠어?"라고 생각하던 분들도 이제는 상당히 긍정적인 시각으로 봐

준다.

그래서 좀 열심히 웃음을 전파하기 위해 나는 매일 밤 운동을 하며 연기를 한다. 웃는 연습을 하는 것이다. 또한 거리를 지나가는 사람들을 보면서 아이디어를 구상하기도 한다. 물론 직업이라 계속 고민하고 연구하고 연습하는 것이지만 실상 이러한 일들은 모두 웃음을 전달할 수 있다는 단 한 가지 이유 때문이다. 웃음은 바이러스다. 웃음은 전염병이다. 웃음을 전하는 메신저 역할을 하는 사람들이 계속된 웃음꽃이 필 수 있도록 창조하는 이유다.

한 번은 경영인들을 대상으로 강의를 한 적이 있다. 그분들에게 늘 자신의 마음의 경영부터 먼저 해야 한다고 말했다. 마음의 경영을 통해서 즐거운 경영, 신나는 경영, 친절하고 배짱 좋은 마음을 갖기 위해서 웃음치료가 필요하다고 권했다.

이름 아침 경영인들을 대상으로 하는 조찬 강의는 집중력이 떨어진다. 스트레스를 받는 날들이 쌓여 피곤하고 졸려서 누구도 관심 있게 강의를 듣지 않는다. 그러나 요지는 하나다. 강제적으로 웃음에 대한 중요성을 알리는 것이 목적이다.

이후 웃음치료 전문 사관학교를 만들어 제대로 커리큘럼을 짜 교육과 기술, 비전을 심어 주는 일들이 지속적으로 이루어져야겠지만 짧은 시간을 내서라도 우리가 웃어야 하는 이유를 깨닫는 것이 중요하다. 그래서 나는 기업에서 요청하는 웃음 강의를 좀 더

인내를 갖고 하는 편이다.

사실 강의를 할 때마다 울기도 참 많이 운다. '눈물이 그렇게 많았나' 하는 생각이 들 정도로 많이 운다. 감격스럽기도 하고 감사하기도 해서다.

웃음은 자신이 앉아 있는 의자에도 감사하고, 공기에도 감사하고, 부모님께도 감사하고 모든 것에 감사드릴 수 있는 마음가짐을 갖게 한다. 감사하고 비전을 갖고 긍정적인 사람으로 변하게 한다. 가장 아름다운 꽃은 웃음꽃이고, 가장 아름다운 소리는 웃음소리다. 대한민국 최고의 마케팅은 웃음이라고 생각한다. 웃음의 힘을 전파하라. 남들과는 차별화된 톡톡 튀는 웃음을 만들어라.

"강요된 웃음 말고 이제 당신들의 웃음을 만들어라."

피그말리온 효과를 믿어라

칭찬과 웃음은 뇌의 집중력을 향상시킨다

우리가 하루에 섭취하는 열량의 1/4이 뇌에서 사용된다. 뇌는 몸무게의 2%밖에 차지하지 않지만 뇌가 사용하는 산소의 양은 전체 사용량의 20%이다. 뇌는 우리가 섭취한 음식물의 20%를 소모하고 전체 피의 15%를 사용한다.

보편적으로 어린이는 7분, 중고등학생은 10분, 성인들은 15분 이상 하나의 일에 집중하기가 힘들다고 한다. 그러나 칭찬과 웃음이 개입하면 이야기가 달라진다.

집중력이 높아지고 뇌 속에 알파파가 증가하여 집중력과 기억력, 기민성이 향상되기 때문이다. 또 산소 공급이 두 배로 증가하여 머리가 좋아지며 자신감이 생긴다.

칭찬은 치료제다

불평을 하거나 책망을 계속 들으면 스트레스 과부하가 생겨서 신장 위 내분비샘인 부신이 커진다. 이로 인해 신진대사에 문제가 생긴다.

이와 반대로 칭찬을 하거나 듣게 되면 뇌 속에서 도파민이라는 신경전달물질이 분비되면서 쾌감을 느끼게 된다. 또한 행복호르몬인 세레토닌도 분비된다. 이는 학습의 이해력과 집중력을 높여 주기도 하고 집중력 호르몬인 아세티콜린도 나온다. 그외에도 옥시크린, 삭스핀, 하이타이, 피존, 퐁퐁 등의 호르몬이 나온다. 농담이다.

특히 긍정적인 기분의 신체에서는 각종 면역강화 물질이 분비된다. 칭찬은 사랑의 호르몬인 옥시토신, 도파민, 페닐에틸아민도 분비되게 하여 칭찬마사지를 받는 사람은 사랑에 빠질 수밖에 없다.

칭찬을 많이 받은 사람은 엔도르핀보다 4천 배나 강력한 감동호르몬인 다이돌핀이 생성되어 면역체계가 활성화되고 질병에 걸릴 확률이 낮아진다. 따라서 심신이 편안하고 건강한 생활을 영위할 수 있다.

이처럼 칭찬은 실제로 몸에 좋은 영향을 미치는 자연 치료제라고 할 수 있다. 따뜻한 칭찬 한마디에 마음이 움직여 다이돌핀이 몸까지 전이된다. 그리고 심장과 전신이 달아올라 혈액순환이 잘 되어 질병을 치유할 수 있다. 심신은 일체이기에 사랑스런 칭찬 한마디에 몸과 마음이 행복해지고 건강해지는 것이다.

칭찬의 위력

"콩 심은 데 콩 나고 팥 심은 데 팥 난다, 부름이 크면 대답도 크다"라는 한국 속담이 있듯이 인간은 칭찬을 하는 것에 따라 행동이 반응한다. 개인의 역기능을 순기능으로 행동 수정을 하기 위해서는 의도적인 칭찬도 해야 한다는 것이다.

칭찬의 힘에 대한 이야기가 있다. 사마천의 사기(史記)에 보면 "사위지기자사(士爲知己者死)하고 여위열기자용(女爲悅己者容)"이라는 내용이 나온다. 이는 선비는 자기를 알아주는 사람을 위하여 목숨을 바치고, 여자는 자기를 기쁘게 해 주는 사람을 위하여 얼굴을 가꾼다는 말이다. 관심을 가지고 인정을 해 주면 그 사람은 긍정적으로 행동하게 되어 성공에 이르게 한다는 것이다.

로마의 유명한 철학자였던 키케로는 칭찬에 대한 이런 말을 남겼다.

"우리는 칭찬을 받음으로써 무엇인가 시도할 마음이 생겨난다."

또한 미국의 소설가인 마크 트웨인은 이렇게 말했다.

"칭찬 한마디에 나는 두 달을 거뜬히 살 수 있다."

이들이 남긴 말을 보아도 칭찬의 위력과 위대함을 잘 느낄 수 있다.

뿐만 아니라 중국 춘추전국시대의 모수라는 지략가에 관한 고사를 보면 이렇게 씌어 있다.

"세치 혀끝이 백만 군사보다 강하다."

이 말은 우리 옛 속담과도 비슷하다.

"말 한마디에 천 냥 빚을 갚는다."

이렇듯 말의 힘은 지역과 세기를 떠나 매우 중요하게 생각되었음을 알 수 있다.

우리는 스스로가 내뱉는 말 한마디 한마디에 조심하고 가능한 한 덕담과 칭찬을 해야 한다. 그 말 한마디가 엄청난 재앙을 부를 수도, 반대로 기적과 같은 축복을 가져다줄 수도 있다는 것을 명심해야 한다. 가는 말이 고와야 오는 말이 곱듯 말이다.

칭찬은 피그말리온 효과를 부른다

칭찬은 자녀와 학생, 직원들에게 자신감을 갖고 잘하도록 하는 심리적 동기를 부여한다. 누구나 원초적인 칭찬욕구, 즉 칭찬받고 싶어 하는 마음이 있는데 그것을 통해 적극적인 동기부여를 할 수 있다.

피그말리온 효과는 그리스신화에 나오는 조각가 피그말리온의 이름에서 유래한 심리학 용어다. 조각가였던 피그말리온은 아름다운 여인상을 조각하고, 그 여인상을 진심으로 사랑하게 된다. 여신 아프로디테는 그의 사랑에 감동하여 여인상에게 생명을 주었다고 한다.

이처럼 피그말리온 효과는 타인의 기대나 관심으로 인하여 능률이 오르거나 결과가 좋아지는 현상을 말한다. 로젠탈효과(관심과 기대에 따라 효과가 상승하는 것), 자성적 예언(어떤 사안에 대해 무비판적으로 바라보는 관점), 자기충족적 예언이라고도 한다.

남이 나를 존중해 주고 나에 대한 기대치가 높으면 그 기대에 맞춰 나 또한 노력하고 변해 가는 것이 결국 피그말리온 효과의 힘이다. 그렇기에 모든 사회구성원들은 칭찬을 독려하고 칭찬을 끌어낼 수 있는 마음가짐을 밝게 해야 한다. 그러면 칭찬의 힘도 생명을 갖게 될 것이다.

매력을 칭찬하라

매력은 사전적인 의미로는 '남의 마음을 호리어 사로잡는 야릇한 힘'이라는 의미다. 매(魅)는 '도깨비, 요괴, 홀리다'라는 뜻을 지닌 한자다. 마치 도깨비나 요괴에게 홀리듯이 도무지 어찌할 길 없이 마음이 흔들리고 육신이 자극을 받는 어떤 강력한 영향력이 바로 '매력'이라는 말이다.

매력이란 곧 그 사람에게서 풍기는 여러 가지 아름다운 모습을 의미하는데, 외모나 내면의 성격적인 특성이 어우러져 그 사람의 매력을 결정하는 것이다. 그러나 진정한 매력이란 당신이 갖고 있는 여러 가지 능력까지를 포함하여 나오는 것임을 알아야 한다.

인생에서 성공하고 행복하려면 남보다 돋보이는 매력을 갖추어야만 한다. 매력이 많을수록 사람들에게 호감을 얻을 뿐만 아니라, 사회생활을 하는 데 유리한 이점을 얻을 수가 있으며, 다른 사람으로부터 부러움과 존경을 한 몸에 받는 사람이 될 수 있기 때문이다. 결론적으로 말하자면, 매력을 갖춘 사람만이 성공할 수 있고 행복할 수 있다는 것이다.

물론 외모를 아름답게 가꾸어서 사람들로부터 매력적인 사람이라는 평가를 들을 수도 있다. 그러나 선천적으로 뛰어난 외모를 지니고 태어났거나 요즘 유행하는 성형을 했다고 해도 외모에 대한 자신감을 얻을 수 있을지언정 그 외에 다른 매력을 발산하기는 어렵다.

다른 사람에게 영향력을 끼치고, 자신의 인생을 성공으로 이끄는 매력을 갖추기 위해서는 스스로의 노력이 뒤따라야 한다. 남성들은 흔히 아무리 예뻐도 무식한 여자는 용서할 수 없다고 말한다. 그러므로 여성이 외모뿐 아니라, 내면적인 매력을 지니고 있다면 그야말로 금상첨화가 아닐까.

그러나 이것이 비단 여성에게만 해당되는 이야기일까. 매력이라 함은 여성들의 전유물이 아니며, 남성들의 매력 또한 매우 중요하다. 남녀를 불문하고 인생을 성공적으로 살아가기 위해서는 우선 당신의 내면적인 매력 특성을 갖추어야 한다는 말이다.

지금 우리 사회에서는 '매력'이라는 말이 경영과 리더십에서 새로운 트렌드로 자리 잡고 있다. 매일 웃음 특강을 할 때마다 수많은 사람들이 최근 트렌드와 발맞춰 성공과 행복을 위해 매력적인 인물이 되고자 갈망하고 있다는 사실을 새삼 느끼고 있다.

성형바람이 불고 있는 요즘, 내면의 아름다움이 더욱 강조되고 있을 뿐만 아니라, 매력을 갖춘 사람이라는 평을 들어야 성공할 수 있는 시대가 되었다. 그러니 매력을 키우자. 그리고 상대방이 가진 매력을 칭찬해 주자. 칭찬을 들은 이는 그 매력을 한껏 키우게 될 것이고 더욱 긍정적인 에너지를 발산할 것이다.

웃음 엔도르핀을 뿜어라

의사의 아버지인 히포크라테스는 이런 말을 남겼다.

"지구상에서 가장 좋은 약은 면역이다."

면역력이 약해지면 90%가 병에 걸린다. 특히 감기에 걸리기 쉽다. 병에 걸려 기력이 쇠해졌다고 해서 계속 힘들다고 말하는 사람들이 있다. 그러나 병에 걸렸을 때일수록 웃으면 금방 낫는다.

우리가 좀 더 건강하게 사는 방법은 웃음밖에 없다. 그냥 웃는 것뿐 아니라 억지로 웃는 것도 분명히 효과가 있다. 세상 살아가는 일이 아무리 힘들고 고되고 고통스러워도 행복해지려면 억지로라도 웃는 연습을 할 필요가 있다.

한 번 웃게 되면 백혈구 수가 증가하고, 바이러스를 죽이는 좋은 세포인 NK세포가 증가해서 면역력이 높아진다고 한다. 그러니까 웃음이 많은 사람들은 병이 저절로 나았다는 말을 많이 하는 것이다. 많은 사람들이 함께 웃을 때 기쁜 이유도 여기에 있다.

김연아 선수가 올림픽 세계 선수권에서 금메달을 땄다. 그런데 시상식에 올라가서 많은 눈물을 흘렸다. 왜 울었을까? 너무 기뻐서였을 것이다. 원래 기쁘면 눈물이 나온다. 물론 슬퍼도 눈물이 나온다. 눈은 마음과 연결되어 있기 때문이다. 그러니까 몸이 아프면 반드시 마음이 아픈 게 아닐까.

허준은 동의보감에 이렇게 썼다.

"내 몸에 기가 막히면 통증이 오고 병이 온다."

기가 막히면 성인병이 온다. 성인병은 기를 뚫어야 한다는 말이다.

히포크라테스가 이런 말도 했다.

"가장 좋은 약은 면역인데, 그다음 좋은 약은 마사지다."

마사지를 하면서 웃으면 더욱 좋다. 기를 나누어 주니까 몸에도 좋은 것이다. 그래서 한방에서 최고의 약이 안마다. 그것은 자연 치료법인 셈이다.

임산부가 아기를 낳을 때보다 더한 고통은 없다고 한다. 정말 무척 고통스럽다고 표현한다. 그런데 그때 가장 많은 엔도르핀이 나온다고 한다. 그러니까 엔도르핀의 분비로 고통을 완화시켜주는 역할을 하는 것이다. 진통 효과를 주는 것이다.

특히 암 환자들이 겪는 고통에 제일 좋다. 그래서 우리가 마사지할 때도 아프게 해야 엔도르핀이 많이 돈다.

우리 인간에게는 세 가지 욕구가 있다. 첫째 식욕, 둘째 성욕, 셋째 수면욕이다.

"나는 건강하고 싶다."

"나는 행복해지고 싶다."

"좋은 배우자를 만나 잘살고 싶다."

많은 욕구 중에서 이 세 가지를 가장 쉽게 해결해 주는 것은 웃음밖에 없을 것이다. 왜? 웃음은 유비쿼터스, 즉 시간과 장소에 구애 없이 언제 어디에서나 존재할 수 있기 때문이다. 자신의 마음대로, 생각대로 말이다.

제일 쉬운 건 마음을 움직여 웃는 것이다. 시간과 공간은 마음대로 할 수 없지만 웃음은 마음먹기에 따라 달라진다. 그래서 웃음이 좋은 치료제가 되는 것이다.

유명한 대학 병원에서 포기했던 유방암, 폐암, 류머티즘 등 모든 병을 고친 적이 있다. 웃음을 통해서다. 사이비 의사 같은 느낌이 들겠지만 실제 웃을 때 몸 전체가 흔들려야 한다는 말도 있다.

그만큼 말초 신경이 다 움직여야 한다는 말이다.

사람이 욕을 할 때 자기 몸의 균형이 깨진다. 그리고 저절로 인상을 쓰게 된다. 실제로 둘이 손을 마주 대고 욕을 한 뒤에 손을 밀면 욕을 한 사람이 밀리게 된다.

반대로 웃으면서 "멋쟁이입니다. 최고입니다"라고 말한 뒤 다시 밀어 보면 밀리지 않는다. 정말 신기한 일이다. 결국 우리가 웃으면 건강하고, 행복하게 된다는 실증이다. 진짜 웃음은 자신의 눈과 배로 마음과 몸으로 웃는 것이다. 웃는 사람은 절대로 아프지 않고, 배고프지 않다.

우주는 구천이다. 하늘의 물이 아홉 개 있다는 뜻이다. 그래서 인간의 몸도 구멍이 아홉 개인 것이다. 인간의 몸이 우주의 축소판이라는 의미다. 모든 구멍을 여는 것처럼 몸과 마음을 편안히 하고 웃으면 그만큼 행복이 자신의 몸속으로 들어오게 된다는 것을 잊지 말아야 한다.

03
힐링 스타일
—
울음

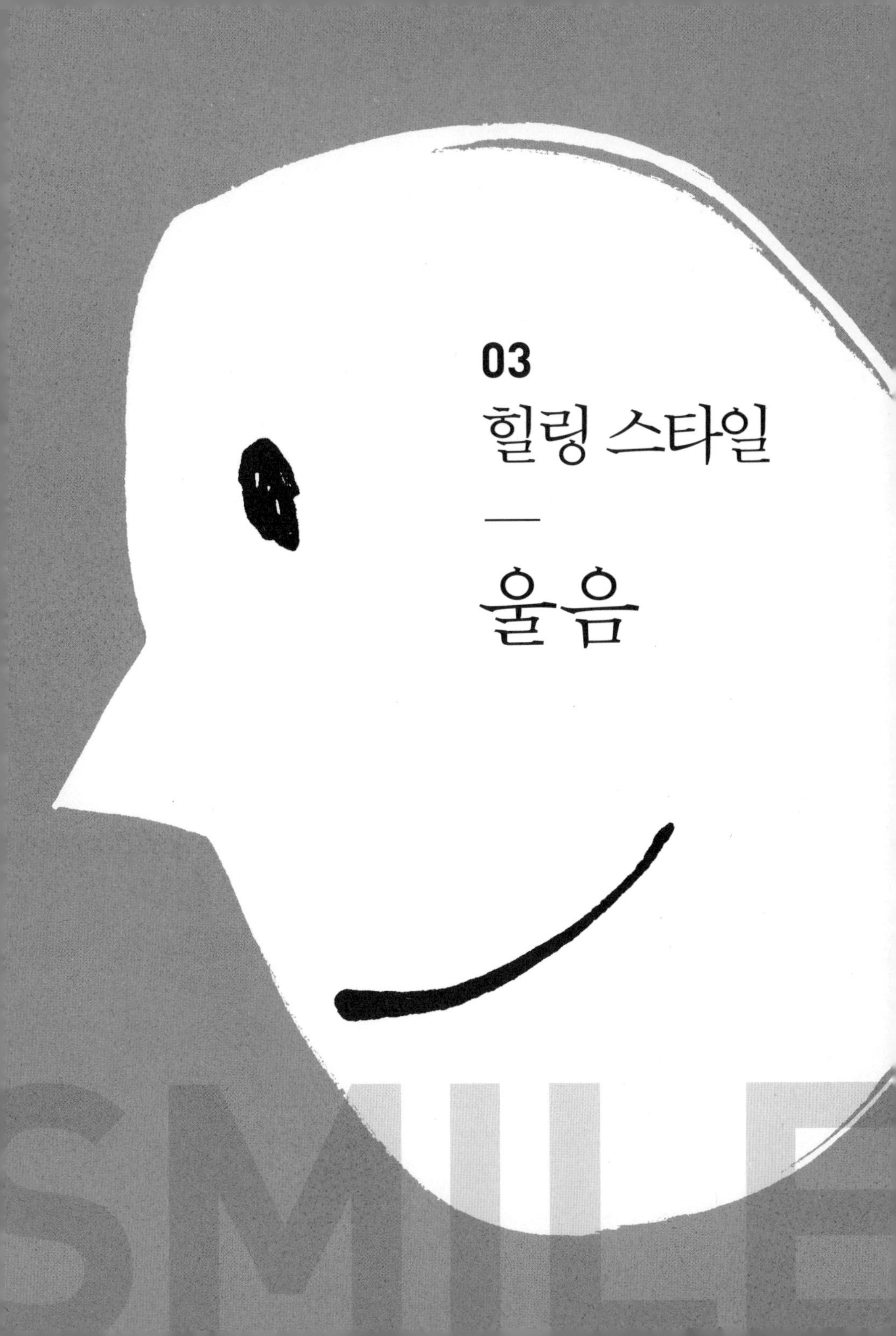

당신은 휴머니스트다

고대의 의사로 널리 알려진 밀레투스의 의학 저서인 〈인간의 특성〉에 웃음의 어원에 대한 기록이 나와 있다. 그 어원은 '헬레(hele)'이고 건강(health)이라는 의미라고 한다. 고대인들도 웃음과 건강이 밀접한 관계가 있음을 알고 있었다는 것이 매우 흥미롭게 다가오는 부분이다.

웃음에 관련된 가장 오래된 기록은 약 3,500년 전에 씌어진 성경에서 찾을 수 있다.

"태초에 하나님께서 천지를 창조하시고 매우 기뻐하셨다."

잠언에서도 웃음의 중요성을 강조한 구절을 찾을 수 있다.

"마음의 즐거움은 양약이다."

우리 민족이 웃음과 거리가 멀다는 생각은 잘못된 것이다. 우리나라도 1백 년 전에는 의약이 귀해 새의 깃털로 환부를 간질여 웃게 해 치료했고, 조선시대 임금들은 웃음내시를 불러 즐거운 시간을 가지는 등 웃음을 중요시 여겼다.

시골에서 상여가 나갈 때 쓰는 성난 귀신 방상(方相:탈)과 웃음 짓는 방상 두 가지는 악령을 물리치기 위해서 만들었고, 지금까지 발굴된 임금의 묘나 귀족의 무덤 속에서 발굴된 토우, 토용들이 다 웃고 있다는 사실만 봐도 웃음에 대한 인식이 일찌감치 이루어졌음을 알 수 있다.

또한 판소리와 마당놀이에서 느껴지는 해학과 풍자는 하층민의 생활 속에도 이미 웃음이 퍼져 있었음을 여실히 보여 준다.

웃음을 강조하는 것은 종교를 초월한다. 앞서 이야기한 성경뿐 아니라 대승불교를 풀이한 책 〈대지도론(大智度論)〉에서도 이런 글을 찾아볼 수 있다.

"부처님은 고된 고난을 당해도 웃으신다. 중생이 당하는 고난을 극복하여 그 고난을 자비로 이끄는 아프디 아픈 과정의 웃음이다."

삼국시대 불상에서도 웃음을 머금고 있는 조각 작품을 흔히 볼 수 있다고 한다. 또한 일본에서 볼 수 있는 신선의 모습에서도 웃음 띤 그림을 볼 수 있다.

신선은 마치 부처처럼 모든 집착에서 벗어나 자유로운 모습을 하고 있다. 이는 기본적인 상식에서 벗어난 묘사로 충격을 주고 있다. 백발노인이 천진한 아이의 미소를 띠고 장난스러운 거동으로 걷는 모습들이 그러하다.

도산 안창호 선생은 마을 입구 현판에 "빙그레 벙그레"라는 글귀를 써 붙여 놓고 미소운동을 펼쳤다고 한다. 또한 17세기 영국의 의사 토마스 시던햄은 "마을에 훌륭한 광대들이 오는 것은 당나귀 스무 필에 실은 약보다 건강에 더 좋다"고 했고, 18세기 영국에서는 "당신은 휴머니스트야"라는 덕담이 최고의 찬사였을 정도였다고 한다.

이러한 것만 보아도 우리는 웃지 않고 살아온 시간들이 아깝게 여겨진다. 헤퍼도 좋을 정도로 웃고 살아야 하지 않을까.

• 웃음의 종류

웃음(laughter)의 종류에는 미소, 조소, 냉소, 고소, 홍소, 실소, 파안대소, 박장대소, 폭소, 요절복통, 포복절도 등이 있는데 그중 최고의 웃음은 큰 박수를 치며, 큰 소리로 파안대소하거나 박장대소하는 웃음이다.

또 웃음은 기쁨의 산물로서 신체적 자극이나 기쁨에서, 우스꽝스러움이나 겸연쩍음에서, 병적(病的) 요인 등에서 오는 것으로 분류할 수도 있다. 이밖에도 웃음의 원인이나 종류에 대해서는 여러 가지 설이 있다.

칸트의 경우 정신적인 긴장 상태에서 뜻밖의 결과로 인해 긴장이 풀리면서 우스꽝스럽게 느껴지는 감정을 웃음이라고 표현했으며, M. 베르트하이머는 만화를 보면서 웃는 행동도 웃음의 영역에 포함시켰다고 한다.

W. 멕도갈은 웃음의 종류를 상대방에 대한 호의와 상대에 대한 가벼운 비판인 조소로 나누어 설명하기도 했고, H. 베르그송은 정신의 물질화가 바로 웃음이라고 말하는 등 웃음은 시대와 사람에 따라 다양한 방법으로 설명되었다.

힐링을 시작하라

우리가 세상을 살아가는 동안 항상 웃을 일만 생긴다면 얼마나 좋을까. 하지만 세상은 그렇게 항상 웃을 일만 제공하지 않는다. 분노와 화가 치밀어 건강을 해치기도 하고 때로는 불행한 일을 자초기도 한다.

이렇게 해서 생긴 마음과 육체의 질병을 치료하고자 할 때 필요한 것이 바로 웃음이다. 즉 우리의 몸과 마음, 정신과 환경의 역기능을 웃음으로 치료하는 것이다. 외부의 압력으로 인해 생기는 정신적, 신체적, 사회적인 요인으로 생기는 불리한 상황을 웃음으로 예방할 수 있다. 그리고 그 과정에서 우리는 치유됨을 깨닫는다. 이때 우리는 오감을 자극해 최대한의 효과를 볼 수 있다.

웃음치료는 아주 단순하다. 웃음을 유발할 수 있는 여러 가지 사회활동 및 문화생활을 통해 치료하기 때문에 특별한 장비는 필요하지 않다. 예를 들어 영화를 관람하는 것, 체험하는 것, 억지웃음을 웃는 것, 그림이나 글을 쓰는 것 등을 통해 이루어진다.

이뿐만 아니라 치료 대상과 장소도 까다롭지 않다. 개인이나 집단, 조직이나 가족, 사회, 국가 모두 해당될 수 있으며 생활이 가능한 모든 장소에서 가능한 것이 바로 웃음치료다. 다만 유머에 대한 감각을 기르고 생활화하는 데에는 운전을 배우는 것과 마찬가지로 계획과 노력이 있어야 한다.

18년간 웃음의 의학적 효과를 연구해 온 미국의 리버트 박사는 웃음을 터뜨리는 사람에게서 피를 뽑아 분석했다고 한다. 그 결과 암을 일으키는 종양세포를 공격하는 '킬러 세포'가 많이 생성돼 있었다는 사실을 알게 되었다고 한다. 결국 웃음이 인체의 면역력을 높여 감기와 같은 감염 질환은 물론 암과 성인병을 예방해 준다는 것이다.

그렇다면 왜 웃음이 이처럼 면역 기능을 높이는 것일까?

웃음은 아드레날린이나 노르아드레날린, 코티솔과 같은 스트레스 호르몬 분비를 감소시키는 역할을 한다. 웃음은 병균을 막아주는 항체 '인터페론 감마'의 분비를 증가시킨다. 즉 바이러스에 대한 저항력을 키워 항체 세포 증식에 큰 도움을 주는 것이다. 이것은 사람이 웃을 때 분비되는 엔도르핀이라는 호르몬에서 비롯된다.

인간의 자율신경은 교감신경과 부교감신경의 길항상태에서 조절되고 있다고 말할 수 있다. 교감신경은 사람이 흥분한 상태에서 작용하는 신경이며, 부교감신경은 안정을 담당하는 신경이다. 이 두 신경이 만들어 내는 자율신경이 우리 몸에 있는 세포들을 지배하며 백혈구도 마찬가지다.

이와는 반대로 면역력이 떨어지는 것은 나이가 들거나 바이러스에 감염된 것이다. 또 항암제를 사용하는 경우나 영양 결핍이 되는 경우에 나타나기도 한다. 이중 가장 큰 원인이 되는 것은 무엇보다 심적인 요소가 강하다. 바로 평화가 깨지는 것이다. 사람의 몸이 만성적인 스트레스에 시달리다 보면 스트레스를 이겨 내는 아드레날린이나 코티솔과 같은 호르몬을 많이 분비하기 때문이다.

사람이 평생 화를 한 번도 안 내고 살 수는 없는 일이다. 신은 인간에게 기쁨과 행복을 주는 만큼 분노와 불행도 함께 배정해 주었다. 앞서 말했듯이 웃음은 여러 가지 득을 가져다주지만 이와 반대로 화를 내면 영락없이 해를 가져다준다.

미국의 엘머 게이츠 박사는 오랜 연구 끝에 우울하거나 화를 낼 때 몸 안에서 독소가 만들어진다는 사실을 알아냈으며 화를 내고 있는 사람, 슬픔과 고통에 빠져 있는 사람, 후회로 괴로워하고 있는 사람, 기뻐하는 사람이 토해 내는 숨을 각각 채취해 조사한 결과 기쁠 때 분비되는 각성호르몬과 엔도르핀은 몸의 노화를 방지하고 활력을 준다는 사실을 밝혀 냈다.

건강해지고 싶은가? 그렇다면 먼저 마음의 평화부터 얻고 미친 사람이라고 오해 받을 정도로 무한정 웃어야 한다.

• 웃음의 효과

웃음은 심장, 혈관에 도움이 된다

우리 몸에 피가 완전히 한 바퀴 도는 데에는 46초가 걸린다고 한다. 우리가 웃게 되면 혈류량이 증가하여 그로 인해 혈관이 청소가 되며 성인병 예방에 도움이 된다.

혈관의 길이는 8만 킬로미터가 넘는다. 인간의 혈관은 한 줄로 이으면 11만 2천 킬로미터로서 지구를 두 번 반이나 감을 수 있다. 잘 웃는 사람들은 만성피로를 줄일 수 있으며 심장병에 걸릴 확률도 훨씬 적어진다.

웃음은 기관지, 폐에 도움이 된다

들숨을 쉴 때는 반드시 코로 산소를 가슴에 반만 채우고 날숨을 쉴 때는 반드시 입으로 내뱉는다. 이때 숨을 뱉으면서 "하하하"로 웃는다. 그렇게 해야만 스트레스 호르몬인 코티솔을 억제하고 신선한 공기가 폐 속 깊은 곳까지 산소가 공급되어 나쁜 공기를 내보내며 깨끗한 공기로 순환될 수 있다.

뿐만 아니라 소리를 크게 지르며 웃으면 가슴이 후련해짐을 느낄 수 있는데 스트레스가 쉽게 해소될 수 있는 한 방법이기도 하다.

웃음은 항체 생성을 한다

항체란 특정 병원체에 대항하는 면역체다. 그런데 여러 가지 실험 결과, 사람이 웃고 난 후 항체가 가장 많이 만들어진다는 사실을 발견했다. 뿐만 아니라 12시간이 지난 후에도 이 항체는 크게 줄지 않았다.

그렇다면 웃음 때문에 생긴 면역 기능은 실제로 환자들에게 얼마나 도움이 될까?

환자들의 기분이나 정신 상태와 질병이 서로 밀접한 관계가 있다는 사실을 경험하게 되었다는 일본의 요시노 박사는 관절염 환자 26명에게 한 시간 동안 라쿠고(일본식 만담)을 듣게 했다고 한다. 그러고 나서 만담을 듣기 전과 듣고 난 후 '인터루킨 6'이라는 면역 물질의 변화를 비교했다고 한다.

'인터루킨 6'은 염증이 생겼을 때 백혈구들이 모이도록 정보를 전달하는 역할을 한다. 염증이 심할수록 그 수치는 올라간다.

이 실험에서 관절 류머티즘 환자의 혈액 속에 있는 '인터루킨 6'이라는 물질이 고작 한 시간의 웃음으로 급격히 줄어들었다는 사실은 놀라운 일이 아닐 수 없다. 관절 류머티즘 환자들을 치료하면서, '인터루킨 6'을 이렇게까지 낮출 수 있는 약은 없었다고 한다.

웃음은 근육, 뼈에 도움이 된다

박장대소와 요절복통으로 한 번 크게 웃으면 온몸이 요동친다. 이렇게 15초만 웃어도 윗몸일으키기를 25회한 것과 같은 운동 효과를 얻을 수 있게 된다. 미소를 짓기 위해서는 17개의 근육 운동이 필요하고, 찡그리기 위해서는 64개의 근육을 움직여야 한다. 그래서 손뼉을 크게 치며 발을 동동 구르면서 웃는 웃음이 건강에 좋다.

웃음은 오장육부에 도움이 된다

오장은 간장, 심장, 비장, 폐장, 신장을 말하며 육부는 대장, 소장, 쓸개, 위, 삼초(三焦), 방광 등을 말한다. 박장대소와 요절복통은 오장육부를 원활하게 움직여 혈액순환을 가능하게 해 건강을 지켜 준다.

웃음은 위, 간, 대장 소화기관에 도움이 된다

웃음은 바이러스에 대한 저항력을 증가시키고 각종 소화기암을 예방, 치료하는 효과가 있으며 소화기관을 안정시킨다. 크게 웃으면 심리적 안정과 내장운동, 전신운동을 통해 소화를 돕는 작용을 한다.

소리 내어
엉엉 울자

사람의 기분은 우리 몸에 직접적이고도 생물학적인 영향을 끼친다. 특히 웃음은 면역에 영향을 주어 백혈구의 생명을 연장시키는 아주 중요한 일을 한다. 이 면역세포인 백혈구가 없으면 우리는 질병에 노출되고 감기는 물론 후천성 면역결핍증인 에이즈에 쉽게 걸리게 되는 것이다.

사람이 호탕하게 웃는 웃음은 한순간에 불과하지만, 그로 인한 면역 효과는 오랫동안 지속된다. 병에 대응하는 항체는 웃고 난 후 증가하여 12시간이 지나도 줄지 않기 때문이다. 웃음은 그렇게 사람의 기분을 바꿔 주고 육체에 낀 불필요한 때를 제거해 주는 목욕과 같은 존재다.

다이애나 황태자비가 교통사고로 사망한 이후 영국의 우울증 환자가 절반 수준으로 떨어졌다고 한다. 이를 두고 심리학자들은 울음으로 스트레스를 날려 보냈기 때문으로 풀이했으며 '다이애나 효과'라고 명했다.

일본 시사주간지 〈아에라(AERA)〉는 30~40대 남녀 400명을 대상으로 한 설문조사를 바탕으로 눈물의 효능을 소개한 적이 있는데 눈물이 직장과 일, 부부관계뿐만 아니라 건강을 지키는 데도 큰 도움을 준다고 밝혔다.

눈물에 관한 재미있는 사례가 또 있다.

일본의 새로 생긴 광고 회사 비루콤의 경우 신입 사원을 채용할 때 남다른 게 있다. 면접을 볼 때 남들 앞에서 울 수 있는지에 대한 질문을 한다는 것이다. 다른 사람 앞에서 울 수 있는 사람은 자신이 갖고 있는 모든 자존심을 버리고 성실하게 일해 나갈 수 있다는 생각에서다.

이외에도 눈물은 잠자리를 꺼리는 부부 사이에서도 효과가 있다고 한다. 부부가 서로 소통을 통해 울고 난 후 자연스럽게 스킨십이 이어지는 효과를 보았다는 것이다. 실제 설문조사에 따르면 남성의 경우에는 58%가 그리고 여성의 경우에는 82%가 사랑 때문에 눈물을 흘린 적이 있다고 대답했다.

"웃어라, 웃어야 한다"라고 주장하다가 갑자기 "울어라, 울어야 한다"라고 얘기하니 도대체 무슨 말인가 할 것이다. 우는 일은 웃는 일과 같은 선상에 있는 공존의 감정이라고 보면 된다. 그러므로 우는 것은 웃는 것과 같은 효과가 있다.

심각한 류머티즘 환자를 대상으로 면역 기능 변화 관찰을 한 결과는 꽤 놀라웠다. 그들에게 눈물을 흘리게 했더니 스트레스 호르몬 수치와 류머티즘을 악화시키는 호르몬 수치가 떨어졌다는 것이다. 암 세포를 죽이는 NK 세포가 활성화된 결과를 얻어 낸 것이다.

대체로 사람들은 웃음이 울음의 정반대 현상이라고 말한다. 그러나 웃음치료만큼 중요한 것이 바로 울음으로 치료하는 방법이다. 울음치료는 잠시 무의식 상태가 되는 최면과는 많이 다르다. 삶을 통해 기억하고 있는 정신적, 육체적 충격을 외부로 꺼내 눈물로 배출하는 것이다. 때문에 울음은 매우 건강한 치료법이라 할 수 있다.

눈물을 쏟는 동안 사람들은 지난 일에 대한 심적 고통을 내려놓는다. 그리고 마음속 깊이 묻어 두었던 상처가 치유되어 정상적으로 살아가게 된다. 이것은 고통과 눈물이 하나가 되었을 때 가능한 이야기다.

어느 사회에서나 남자의 눈물은 오랫동안 금기시되어 왔다. 우는 것은 남자답지 않다고 생각하기 때문이다. 하지만 울 땐 정말 펑펑 울어야 한다. 실컷 울고 나면 후련함이 찾아올 것이다. 우는 일을 잘해야 웃는 일도 잘할 수 있다.

눈물을 흘리는 것은 아이들에게도 매우 좋다. 눈물을 아이들 스스로가 자신을 드러내는 매우 중요한 표현 방법이기 때문이다. 어린 아이들의 경우 병원에서 많이 울게 되는데 그 이유는 공포심 때문이다. 그런데 재미있는 사실은 그렇게 많이 울고 난 아이가 울지 않았던 아이보다 회복력이 좋다는 것이다.

병원에서 공포감을 느낀 아이들에게 눈물을 뚝 그치라고 말하는 것은 그 아이에게 공포심을 더 키우는 부작용을 낫는다. 때문에 아이들이 울 때는 그대로 두는 것이 좋다.

심리학 박사인 알레타가 우는 아이들에 대한 연구 결과를 발표했다.

"원하는 만큼 울면서 자라난 아이들은 사회생활을 하는 데 있어서도 잘 적응합니다."

이것은 사물이나 현실을 왜곡해서 보지 않는 시각이 생겼다는 이야기다.

눈물을 흘리는 행위에 대한 이유는 오랫동안 밝혀지지 않았다. 전문가들의 의견에 따르면 눈물을 흘리는 행위는 과거의 정신적, 육체적인 충격을 없애 준다는 데 한결같이 동의하고 있다. 어떻게 눈물이 충격을 없애 줄 수 있는 것일까?

미네소타 알츠하이머 연구소 소장인 윌리엄 프레이는 감정적 눈물과 양파 자극으로 흘린 눈물을 비교해 본 결과 화학성분이 다르다는 것을 발견했다. 즉 감동적인 영화를 볼 때 사람들이 흘리는 눈물과 양파를 썰 때 흘리는 눈물의 성분이 다르다는 것이다.

이 실험은 같은 집단으로부터 수집된 두 가지 눈물 성분을 분석해 그 결과를 얻은 것인데, 감동적인 영화를 볼 때 흘리는 눈물이 양파를 썰 때 흘리는 눈물보다 훨씬 더 많은 양의 카테콜라민을 분비한다는 것이었다. 이는 스트레스 호르몬인 에프린과 노에프린이 많이 분비되었다는 말이다.

카테콜라민은 스트레스를 받았을 때 우리 몸을 긴장시키기 위해 분비되는 호르몬이다. 카테콜라민이 분비되면 혈관은 수축하고 이는 심혈관에 부담을 주게 된다. 이 스트레스 호르몬이 눈물과 함께 몸밖으로 나오는 것이다. 그리고 우리 몸의 나쁜 물질을 제거해 준다.

이렇듯 웃음과 함께 눈물은 자연치유제다. 웃음이 사람의 기분을 긍정적으로 바꿔주고 면역력을 높이는 것처럼, 울음도 스트레스를 해소시켜 마음의 평화를 가져다주며 건강하게 해 준다. 그렇다면 어차피 울어야 한다면 마음껏 울어 보는 것도 좋다.

일본의 웹디자이너인 가마타 야스시가 〈나코요(nakoyo, 울자)〉

라는 이름으로 인터넷 사이트를 열었다. 그가 이런 사이트를 연 데는 나름의 이유가 있다고 한다.

그는 다니던 회사가 5년 전 망한 뒤 실직자가 되었다고 한다. 그리고 악재가 겹쳐 연대보증을 서 주었던 친구의 파산으로 어마어마한 빚더미에 올라앉게 되었고, 자신은 분노에 치를 떨며 감정을 절제해야 했다고 말했다.

그러던 어느 날 영화 관람을 하며 감정이 북받쳐 소리 내어 펑펑 울었다고 한다. 암에 걸려 생이 얼마 남지 않은 주인공이 비디오에 유언을 녹음하는 장면을 보고 눈물이 난 것이다.

그때까지 그는 거의 울어 본 적이 없었다고 했다. 아마도 우리나라 남자들도 거의 눈물을 흘리지 않을 것이다. 그는 눈물을 흘리면서 마음속에 담아 두었던 감정이 봇물처럼 터져 나왔던 것이리라. 이후 그의 삶은 달라졌다고 한다. 보다 적극적으로 자신의 감정을 표현할 수 있게 되었다고 한다.

우리 주변을 돌아보면 울고 싶은 마음인 사람들을 많이 만날 수 있다. 갑자기 사업이 어려워져 생계에 위협을 받는 사람들, 좋은 대학을 졸업했는데도 불구하고 취업이 힘들어 전전긍긍하는 청년들, 그리고 강제로 퇴직을 종용하는 기업에 다니는 남편들에 이르기까지 그 수를 셀 수 없는 만큼 가슴 먹먹한 사람들이 많다.

이러한 사람들에게 조금만 힘을 내라고 그리고 견뎌 보자고 말한다고 해서 무슨 소용이 있겠는가. 대기업의 잠식으로 인해 중소기업이 무너져 내리고 있는 요즘 일자리 창출은 하늘에 별따기보다 힘들다고 말한다.

누구를 탓할 수도 없는 이들을 보며 울음이라고 속 시원하게 터뜨리라고 말하고 싶다. 가슴 깊은 곳에 꽁꽁 묻어 두었던 고통을 잠시나마 밖으로 표출해 해소하라고 말하고 싶다.

"1분이라도 소리 내어 엉엉 울어 보십시오."

웃음꾼이 판친다

18세기 영국에서는 '휴머니스트'라는 말은 기지와 위트를 가진 감각적인 사람이라는 뜻이었다. 하지만 우리 사회는 남을 잘 웃기는 사람은 미덥지 않거나 싱거운 사람이라는 선입견이 있다.

그러나 이제 세상도 바뀌고 문화도 바뀌었으며 무엇보다 웃음에 대한 인식도가 달라졌다. 이제 어느 자리, 어느 사람들과 어울려 있어도 잘 웃기는 사람으로 알려지면 주인공이 되는 세상이다. 진정한 웃음꾼 말이다.

사람의 뇌는 심한 통증이나 스트레스를 받으면 방어하고자 해서 마약과 같은 호르몬을 뿜는다. 이때 배출하는 물질이 엔도르핀이라고 앞서 여러 차례 말했다. 마약과 같은 호르몬이라 불리는 엔도르핀은 보통 운동 중독에 걸린 사람들에게서 많이 분비된다. 특히 오래 달리기를 즐기는 사람들에게 쾌감을 느끼도록 해 달리기를 지속할 수 있게 만든다는 설이 있을 정도다.

의사들의 비밀 중 하나는 "그냥 두면 자연히 낫는다"라는 것을 환자에게 설명해 주지 않는다는 것이다. 그러니까 즐겁게 웃고 사는 사람에게는 병원이 필요 없다.

실제로 장수하는 사람의 특징은 잘 웃는 것이다. 결국 의사란 자연의 힘으로 고쳐질 때까지 환자의 마음을 밝게 해 주는 사람이라고 보면 된다. 그런 까닭에서라도 하루 빨리 우리나라 병원에도 '웃음치료팀'이 생겨야 한다.

UCLA의 통증클리닉에서 내리는 처방은 조금 특별하다. 환자에게 거울 앞에 서서 미소를 지으라는 것이다. 통증을 호소하는 사람에게 웃으라는 말이다. 의사의 말을 곧이곧대로 믿고 금방 따라할 사람은 그리 많지 않다. 하지만 그 효과는 놀라울 정도라고 한다.

이렇게 웃음으로 득을 보는 일이 어디 질병뿐이겠는가? 웃을 때는 자신의 마음속에 담아 두었던 분노와 적대감이 차츰 사라진다고 한다. 또한 그 전파력은 바이러스처럼 주변의 모든 사람들과의 화해의 계기를 제공하기도 한다.

이것이 웃음의 마력인 것이다. 그렇다면 지금부터라도 웃어 보자. 그러면 주변의 사람들이 저절로 모여들 것이다. 뿐만 아니라 모인 사람들에게 웃음의 힘이 전달되어 그들 또한 웃게 만들 것이다. 이 사회의 건강과 대인관계를 원활하게 해 주는 최고의 기술은 바로 웃음 짓는 습관을 연습하는 것이다.

1997년 IMF 이후 그나마도 잘 웃지 않던 우리 국민은 더욱 더 웃지 않게 되어 버렸다. 사람들에게 물으면 그들은 앵무새처럼 같은 말을 반복했다.

"왜 그렇게 웃지 않습니까?"

대다수의 사람들이 이렇게 반문했다.

"웃을 일이 있어야 웃지요. 정치도 경제도 모두 울 일뿐이니 억지웃음도 하루 이틀이지 않습니까."

이보다 좀 나은 경우가 얼굴은 웃고 있고 마음은 울고 있는 사람들이다.

대규모 정리해고를 앞두고 있는 J씨는 어느 날부터 소화가 잘 되지 않고 몸무게가 계속 빠져 병원을 전전하기 시작했다. 그런데 검진을 받은 후에도 아무런 이상이 없다는 소견을 듣고 의아했다.

J씨는 이후에도 여러 병원을 찾아다니며 검사를 받았다. 그렇게 겨우 알게 된 자신의 병명은 스마일마스크증후군이었다.

이 병의 증상은 식욕이나 성욕이 급격히 떨어지고 복통이나 두통을 동반한다. 그리고 정신적으로 심하게 위축된다. 그런데 이보다 더 위험한 것은 우울증이 수위를 높여 가면서 느끼게 되는 자살충동이다.

우울증이 자살충동으로 이어지는 것은 참으로 위험한 상황이다. 이런 상황까지 내몰리지 않기 위해서는 철저한 예방법이 필요하다. 예방법이라고 해서 거창하거나 어려운 것이 아니다. 다음 몇 가지 사항을 따르면 누구나 '웃음꾼'이 될 수 있다.

• 웃음꾼 스타일

첫째, 아무 생각 없이 웃자.

웃는 동안에는 그 누구도 다른 생각을 하지 못한다. 무턱대고 웃어라, 미친놈이라고 손가락질 받을 정도로 웃어라. 웃는 자가 사람을 바꾸고 세상을 바꾼다.

둘째, 아무 생각 없이 먹자.

먹을 때만큼은 식감을 즐겨라. 맛있는 음식을 찾아다니며 먹어라. 음식을 섭취할 때만큼 행복감을 느끼는 다른 어떤 행위는 없다. 그러니 맛있게 먹어라. 맛있는 음식을 먹어라.

셋째, 아무 생각 없이 놀자.

놀이에 집중하라. 자신이 지금 하고 있는 놀이에 열중하라. 놀이는 즐거움이요, 행복이다. 최선을 다해 놀아라. 후회 없이 놀아라. 돌아오는 것이 피곤일지라도 놀이를 하는 그 순간만큼은 즐겨라.

넷째, 아무 생각 없이 자자.

피곤을 풀어주는 것은 모든 일을 시작할 수 있는 체력을 만들어 준다. 그리고 긍정적인 마음가짐을 갖게 한다. 찌들어 있는 몸과 마음에서 발산할 수 있는 창의력은 제로다. 때문에 우리는 죽은 사람처럼 기절해서 잠을 자야 한다. 진정한 숙면을 취해야 한다는 것이다. 자는 내내 스트레스가 잠재의식을 지배할 수 없을 정도로 생각 없이 숙면에 들어라.

서툰 웃음도 계속하라

웃음도 연습이 필요하다. 억지로라도 웃는 연습을 자주 하다보면 어느새 찡그린 표정은 사라지고 점차 얼굴이 밝아진다. 물론 그로부터 웃음도 효과를 발휘하기 시작한다.

웃음의 효과는 이미 현대의학을 통해 과학적으로 증명된 바 있다. 이제는 우리가 그 효과를 어떻게 활용할 것인지가 문제일 뿐이다. 활용하는 방법과 장소, 상황에 따라 웃음은 여러 가지로 작용할 수 있다.

구직을 원하는 취업자들에게 유머 감각은 필수조건이 되었다.

실제 대기업과 중소기업 등의 인사 담당자를 대상으로 조사한 결과 80% 이상이 면접에서 적절한 유머가 도움이 된다고 말했다.

그러나 이러한 통계에도 불구하고 유머를 너무 남용해서는 안 된다. 상황과 장소에 맞지 않는 유행어를 구사하는 경우에는 오히려 감점의 요인이 될 수 있음을 꼭 숙지해야 한다. 유머를 자연스럽게 구사하는 데도 노력이 필요하다. 상대의 수준을 고려해야 하기 때문이다.

아무리 재미있는 얘기라고 하더라도 해도 되는 자리가 있고 안 되는 자리가 있는 법이다. 남을 억지로 웃기려고 한다거나 고급 유머라도 알아듣지 못하는 사람이 있다면 무용지물인 것이다. 나름대로는 유머랍시고 했는데 사람들이 웃지 않으면 아무 일 없었다는 듯 살짝 넘어가는 요령도 필요하다.

그래서 남을 웃길 때도 주의사항이 있다. 반드시 예의를 지켜야한다는 것이다. 불쾌감을 주거나 수치심을 유발하는 유머를 해서도 안 된다. 제스처와 표정, 사투리 등을 적절히 활용하는 것도 좋은 방법이다. 이는 그 효과를 배가시키기 때문이다.

유머가 너무 길면 지루하기 때문에 적당히 조절하는 테크닉도 필요하다. 결정적인 말을 들려주기 직전에 약간 뜸을 들인다든가, 이야기를 하는 도중 어느 한 대목에서 강조점을 두어야 한다.

또한 유머를 들려줄 대상이나 시간, 상황을 충분히 고려하는 지혜도 필요하다. 가령 신체적인 장애를 갖은 사람 앞에서 신체적 핸디캡에 얽힌 유머를 하는 일 등은 피해야 한다.

그리고 유머를 말하기 전 머릿속으로 한 번 정리해 보는 것도 필요하다. 아무리 외우고 있던 유머라도 중간에 빠지는 내용이 생긴다면 매끄러운 이야기가 되지 않기 때문이다. 또 이른 아침부터 야한 유머를 아무렇지 않게 하는 것도 예의에 벗어날 수 있으니 조심해야 한다.

사람의 집중력은 아무리 길어봤자 성인의 경우 15분을 넘지 못한다. 나이가 어릴수록 집중 시간은 더 짧아진다. 이렇게 집중력이 떨어질 즈음, 산뜻한 유머 한마디가 떨어진 집중력을 잡아 올려 줄 수 있다는 것을 한번쯤 경험해 본 사람이라면 다 알 것이다. 유머는 그래서 경제적이고 효율적인 생산 방법이다.

적절한 유머는 기업의 프레젠테이션에서도 그 빛을 발하는데 맛깔난 양념처럼 산뜻한 유머가 보태진다면 설득력과 호소력에 더 큰 효과를 발휘하게 된다.

이때 유머의 소재는 가능하면 발표할 내용과 연관되는 것이 좋다. 무엇보다 딱딱한 발표 분위기 속에서 원활한 흐름을 이어 갈 수 있다는 장점이 있다. 이렇게 되면 듣는 대상으로 하여금 내용을 보다 더 정확하고 확실하게 각인시키는 효과를 얻을 수 있다.

이러한 효과를 위해서는 주제가 선명하게 드러나는 유머를 구사해야 한다. 또 다른 장소 다른 사람들한테 한 적이 있는, 그래서 그들로부터 좋은 반응을 얻었던 유머를 구사하면 좋다. 실패할 확률이 훨씬 낮아지기 때문이다.

때에 따라 자신의 약점이나 허점을 이용해서 유머를 구사하는 것도 좋다. 이런 경우 친근감이 더욱 두터워진다.

이러저런 경우의 수를 생각하며 웃음을 만들어 내는 것은 좀체 쉬운 일이 아니다. 그렇다면 그저 몸에 흡수시키는 방법 밖에는 없다는 결론에 도달한다. 즉 매일 웃음을 연습하는 것인데, 그에 따른 언어 구사 능력도 노력이 필요하다.

그렇다면 얼마나 내 웃음이 어색한지, 반대로 잘 웃고 있다면 얼마나 자연스러운지 늘 관찰할 필요가 있다. 만약 어색한 웃음이라 생각해 웃는 것을 포기한다면 더 이상 어떤 관계도 이어 갈 수 없을 것이다. 그렇다고 자연스럽게 웃는 사람들은 방관할 수 있는 일이라는 말이 아니다. 그것이 서툴거나 자연스럽거나 지속해야 한다는 것이다.

난센스를 극복하라

화를 내는 일이나 웃는 것은 쉽지만, 남을 웃기는 일은 실상 어렵다. 사실 웃음이란 웃음 제공자만의 힘으로 성립되는 것이 아니기 때문이다.

웃음은 웃으려는 마음의 자세를 갖춘 사람이 있는 자리에서 터진다. 괜히 "꼴불견이야"라는 시선으로 비꼬아 보는 사람 앞에서 아무리 찰리 채플린처럼 웃긴다 해도 절대로 웃음은 일어나지 않는다.

그러므로 웃는 사람이나 웃기는 사람이나 다 같이 서로를 경계하기보다는 즐거운 마음을 활짝 열고 만나는 태도가 중요하다.

이런 자세로 하루를 살아가는 사람이라면 즐거운 일들이 널려 있다. 상대방의 실수에도 웃고, 작은 일에도 웃음을 터뜨린다. 그런 가운데 엔도르핀이 팍팍 돌며 자신의 에너지는 더욱 고조되는 행운을 안는다.

"저게 뭐야" 하는 식의 권위적이고 자존심이 강한 사람은 쉽게 웃을 수 없다. 그러니 어딜 가나 경계의 대상이 되고 쉽게 사람을 만날 수도 없으며, 비즈니스도 어렵게만 이어진다. 이득 될 것이 하나도 없다는 말이다.

한마디로 웃을 수 있고, 웃길 수도 있는 부드러운 인품의 소유자야말로 여러모로 유리한 입장에서 살아갈 수 있는 셈이다. 지금 우리나라에서도 유머 감각의 수준이 점점 높아지고 더욱 활기를 띠어서 단순한 개그나 코미디가 아닌 '질 높은 웃음'을 요구하고 있다. 특히 난센스에 있어서도 지금 우리는 상당한 수준에 도달해 있으며, 온국민이 충분히 즐길 수 있는 문화 수준을 갖추고 있다.

난센스인 한 가지 예를 들어 보자.

어느 사나이가 집 안으로 말을 끌어들이기 위해 애를 쓰고 있었다. 그러나 쉽지가 않았다. 힘든 상황이었으므로 지나가던 사람에게 도움을 청했다.

두 사람이 협력해서 말을 가까스로 집 안에 들여놓는 데 성공

했다. 그리고 행인은 그만 돌아서려는데 말 주인이 이렇게 말했다.

"말을 이층까지 데리고 올라갈 생각이니 좀 더 도와주시오."

두 사람은 겨우 말을 이층까지 끌어올렸다. 그런데 이번엔 말 주인이 욕실로 데리고 가고 싶다고 했다. 그리고는 결국 말을 욕조에 담가 놓았다.

"대단히 감사합니다."

말 주인은 행인을 응접실로 안내하여 융숭한 대접을 했다. 그때 행인이 궁금해 하며 말 주인에게 물었다.

"아무래도 상관은 없는 일이지만 왜 그렇게도 열심히 말을 이층 욕실까지 끌어다 놓고 싶은 것이었소?"

그러자 말 주인은 행인이 묻는 것이 당연하다는 듯이 대답해 주었다.

"별일은 아닙니다. 우리 마누라는 내가 무엇을 이야기하든 '그런 것 다 알아요' 이렇게 말해 버리는 나쁜 습관이 있습니다. 그래서 그 버릇을 좀 고쳐주려고요. 오늘 마누라가 외출에서 돌아오면 욕실 문을 열 거예요. 그리곤 '여보! 큰일 났어요. 욕조 속에 말이 들어가 있어요'라며 비명을 지르겠죠. 그러면 나는 이 소파에 앉은 채 천천히 파이프 담배를 피우면서 '그런 것 다 알아요' 이렇게 말하려고 합니다. 애 좀 먹일 생각이죠."

이것은 상대방의 잘못을 아주 뿌리째 뽑아주겠다는 야심찬 의

도에서 빚어진 유머러스한 상황이다. 말과 행동이 모두 코미디처럼 연출된 것이다. 보통 재치 있는 말로 유머 기술을 활용하지만 때로는 이렇게 행동과 협공 작전으로 그 효과를 배가시킬 수도 있다는 사실을 알아 두자.

플라시보 효과를 믿어라

우리는 늘 자신이 최고라고 생각할 필요가 있다.

"나는 제일 잘났다. 나는 최고다."

그리고 30, 15, 5, 7이라는 숫자가 의미하는 것에 대해 생각해 보자.

우리는 식사를 30일 동안 하지 않으면 죽는다. 15일간 물을 마시지 않으면 죽는다. 5분 동안 숨을 쉬지 않으면 죽는다. 그렇다면 7자는 뭘 의미할까? 평소 잘 웃지 않으면 7년 먼저 죽는다는 뜻이다. 그만큼 웃음이 중요하다는 얘기다.

미국, 영국, 네덜란드, 뉴질랜드, 덴마크, 이스라엘은 모두 선진국이다. 그런데 이 나라의 의사들 중 거의 절반 가까이 가짜 약을 쓴다고 한다. 바로 '플라시보'라는 약이다.

특히 미국의 의사들 95%가 믿고 그중 53% 의사들이 믿고 있는 플라시보는 밀가루로 된 가짜 약을 뜻하는 단어다. 그런데 이 약을 먹고 환자가 당뇨병이나 암이 치료되었다고 한다면 그 이유는 무엇일까?

바로 심리적인 안정 때문이다. 의사의 처방에 따르고, 이 약을 먹으면 병이 나을 거라는 믿음 때문이다. 웃음도 마찬가지다. 많이 웃으면 건강해진다고 믿는 사람이라면 정말 건강해지는 것이다.

환자(患者)는 병자로 불리는데 병이 들었다는 말은 근심이 있다는 말이다. 이 환자의 '환'자는 근심 환 자이기 때문이다. 병은 근심으로 생기고 근심을 시작할 때부터 환자가 된다는 의미이기도 하다.

환자를 영어로 patient라고 하는데 동양과 서양은 환자에게 약 처방을 할 때 조금 다르게 한다. 동양은 한방을 서양은 양방을 사용한다. 한방의 대가인 허준 선생은 이렇게 말했다.

"사람이 아프면 약을 주고, 약이 안 되면 침을 놓고, 침이 안 되면 뜸을 떠야 한다."

그러니까 뜸이 제일 좋은 약이라는 말이다. 그런데 뜸보다 더 좋은 약이 있다. 바로 웃음이다. 웃음은 마음과 몸이 같이 뜨거워져서 제일 좋은 약이라고 할 수 있다.

서양 의학의 아버지인 히포크라테스가 이런 말을 했다.

"사람이 아프면 먼저 약을 써라."

허준과 같은 의미의 말이다. 그리고 이렇게 말했다.

"그다음에는 칼을 써라."

그렇다면 그다음은 무엇을 쓰라고 말했을까.

"불을 써라."

불은 가장 좋은 약이다. 결국 한방과 양방이 같다는 말이다.

인간의 몸이 36.5도인데 암이 가장 좋아하는 온도가 35도다. 그리고 암이 가장 싫어하는 온도는 42도다. 결국 우리가 웃음을 통해서 몸을 따뜻하게 하면 병에도 안 걸리고 몸도 좋아진다. 그래서 웃음이 만병통치약이고 치료제다.

우리는 항상 생각해야 한다.

"내가 웃기 때문에 건강하고 행복하고 성공한다. 웃음은 모든 것을 치료할 수 있다."

그러니 웃음의 힘을 절대적으로 믿어야 한다. 그것이 진정한 플라시보 효과다.

04
웃는 스타일
—
자신감

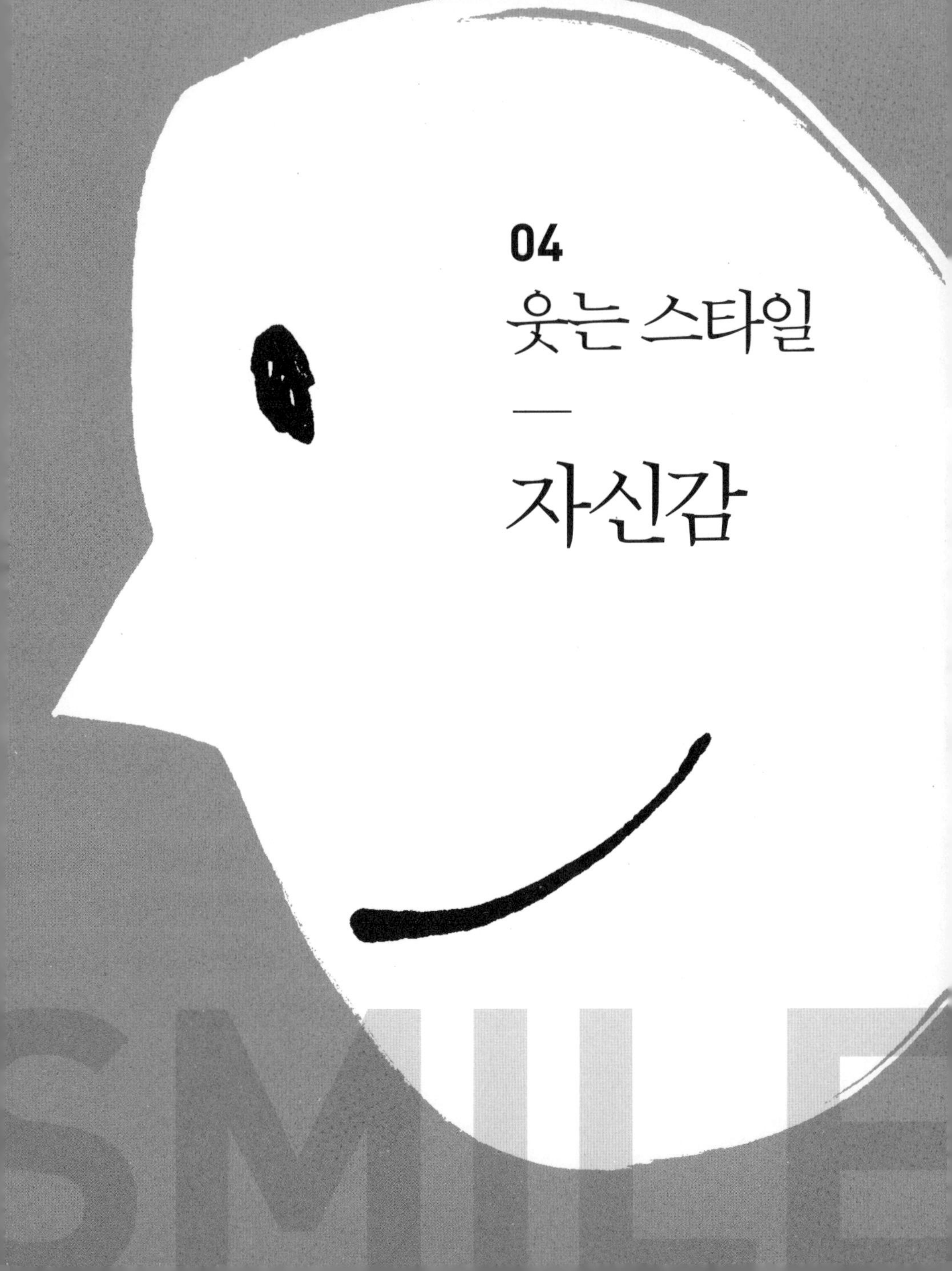

웃음은 자신감이다

사람이 웃을 때 자신감이 생긴다. 그리고 생활에 활력이 넘친다. 웃고 있는 동안에는 일정 부분 힘이 세지고 신체의 나이가 줄어든다. 이에 유연성도 당연히 증가하는 것이다. 때문에 일상생활에서는 늘 긍정적인 사고를 지속할 수 있게 된다.

이런 웃음은 바로 자신감에서 나오는 것이다. 자신감이 있고 적극적인 뇌를 가진 사람과 자신감이 부족하고 소극적인 뇌를 가진 사람의 뇌를 동시에 촬영을 해 보았을 때, 자신감이 부족한 사람의 뇌 활성화율이 20%나 적게 나왔다는 연구결과가 있다.

옛날 역사 속의 장군들은 적과 싸울 때 맨 앞에 서서 커다란 목

청으로 욕을 하면서 외쳤다.

"야~ 이놈들아 가소롭다. 이 자식들~ 우하하하하하하!"

이런 장면을 영화 속에서 많이 보았을 것이다. 그런데 실제 웃음으로 상대방을 제압하는 데 상당한 효과가 있었다고 한다. 그만큼 웃음은 자신감에서 시작된다고 할 수 있다.

우리나라 사람 열 명 중 여덟 명(78%)은 우리 민족이 잘 웃지 않는 사람들이라고 생각한다는 조사를 읽은 적이 있다. 왜 우리나라 사람들은 웃는 표정에 그렇게 인색한 것일까.

하지만 실제로는 그렇지 않았다. 무엇보다 웃는 횟수 조사에선 한국인이 단연 앞섰다. 절반(50%)이 "하루 열 번 이상 웃는다"고 대답한데 반해 중국은 39%, 베트남은 26%에 그쳤다.

한국인이 잘 웃지 않는 이유에 대해서 여론 조사를 실시했더니 "나라 자체가 잘 웃지 않는 분위기 때문"(35%)을 가장 많이 꼽았다고 한다. 이어 직장, 사회생활과 관련된 스트레스(18.4%), 사회가 각박해지고 있어서(15.5%) 등의 순이었다.

하지만 웃지 못하는 이유에 대해서 우울하고 각박한 분위기 탓만 하고 있을 수는 없다. 주변 환경이 도와주지 않으면 우리 스스로라도 나서서 노력해야 하기 때문이다. 우리나라 국민은 한국, 중국, 베트남 세 나라 중에서 웃으려고 노력하는 부분에 있어서는 꼴찌였다.

보통 아침에 일어나 거울을 보면서 웃는 연습을 하는 사람들의 통계를 보면 우리나라의 경우에는 열 명 중에 세 명 정도였고, 중국의 경우는 네 명, 베트남의 경우에는 절반을 차지했다.

그러나 최근 스마트폰이나 디지털 카메라를 많이 소지하게 되면서 우리나라 사람들의 미소가 한결 좋아졌다는 생각이 든다. 좋은 현상이다. 사진을 찍기 위해서든 그렇지 않든 얼굴에 웃음을 머금고 있다는 자체는 누가 뭐래도 좋은 모습인 것이다.

국제청소년센터에서 웃음 강의를 한 적이 있다. 웃음치료사 양성프로그램을 진행하는 과정에서 수강생들의 웃음소리가 밖에서 듣기에는 사이비종교집회처럼 보였던 모양이다. 그냥 웃는 것도 아니고 손뼉을 치고 양손을 벌린 채 하늘을 향해 박장대소하며 기차 화통을 삶아 먹은 듯이 "크하하하" 웃으면 왜 그렇게 생각하지 않겠는가.

이날 수강생은 모두 40명이었고 지역, 직업, 연령대도 모두 달랐다. 수능시험을 치른 여고생부터 머리 희끗한 일흔 노인까지. 레크리에이션강사, 모유수유센터 직원, 출장 핑계대고 참가한 사내 입담꾼, 휴가내고 몰래 왔다는 현역 여군, 목사님 손에 이끌려 온 우울증 환우, 부산서 차를 몰고 올라온 일가족 등등.

이렇게 이유도 모습도 각양각색인 수강생들이었지만 목적은 오로지 한 가지 무작정 웃는 것이었다. 특히 눈에 띄는 점은 무뚝뚝하기로 소문난 경상도 출신이 수강생의 절반을 차지했다는 점이다.

그렇다면 과연 웃음치료의 효과는 어느 정도일까? 아마 믿기 어려울 것이다. 2박 3일 합숙기간 동안 우울증, 불면증, 만성류머티즘, 허리디스크 등이 낫는가 하면, 이후 체중이 10킬로그램가량 감소되거나 교통사고로 오른팔을 못쓰는 장애인이 팔을 움직이기도 했다. 이 정도면 만병통치약 수준이다. 두 눈으로 지켜보면서도 나 자신이 놀라울 정도였다.

웃음치료의 목적은 웃는 것에 그치지 않고 웃음을 통해 심연의 분노를 끄집어내는 데 있다. 합숙이 끝날 무렵에서는 회환과 반성, 열등감이 사라지고 자신감 회복 등으로 수강생 대부분이 눈물을 흘린다. 그리고 모두 입을 모아 "새로 태어나는 느낌"이라고 말한다.

웃음치료는 특히 응어리가 많은 명퇴자들의 심리 치료에 탁월하다. 이것은 만병의 근원인 스트레스를 없애고 면역력 향상 등 질병치료에 웃음을 접목한 일종의 대안의학이기 때문에 가능한 일이다.

충주에서 올라온 이상두(70·임대업) 씨는 웃음치료 과정에 두 번째 참가했다. 사업에서 얻은 스트레스가 우울증으로 번져 오랫동안 정신과 상담과 약에 의존하던 그가 웃음치료를 접한 것이 한 달 전이었는데, 집으로 돌아가 첫 강의에서 배운 대로 억지로라도 웃었다고 한다.

이상두 씨는 첫 번째 웃음치료 이후 자신의 얼굴에 점점 그늘이 사라지고 우울증이 급격히 호전되었다고 했다. 물론 무턱대고 웃으면 이상한 사람 취급받을까 봐 차 안에서 크게 웃거나 화장실에서 조용히 웃었다고 한다.

내가 웃음바이러스를 전파하면서 가장 보람으로 여기는 일 중에 하나는 이 씨와 같은 사람을 만나는 일이다. 치료효과를 높이려면 이 씨처럼 자신을 버리고 유치하고 과장되게 웃는 게 좋다. 그야말로 웃음에 미쳐야 한다는 말이다.

어떻게 웃어도 상관은 없지만 이왕이면 양팔을 크게 벌리고 얼굴을 움직이면서 배가 아프도록 소리 지르며 온몸으로 웃어야 최고의 보약이 된다.

"여러분, 웃음을 믿습니까?"

"믿습니다. 푸하하하."

"웃음은 만병통치약입니다. 하지만 한국 사람들은 건강에는 애착이 강하면서 웃음에는 인색합니다. 현재 전 세계적으로 웃음치료가 활발히 확산되고 있습니다. 성공의 첫 번째 지름길은 자주 웃는 것입니다. 아하하하~."

항상 나는 내 앞에 서 있는 모든 사람들에게 이렇게 말하며 웃음을 전파한다. 그리고 확신한다. 사람들이 웃음치료를 통해 세상 그 누구보다 즐겁고 행복하다는 것을 느끼게 될 것이며 예전에 느끼지 못했던 기쁨과 감동을 얻게 될 것이라고.

우리가 웃지 못하는 것은 마음속에 웃음과 감사함이 없어서 그렇다. 하지만 이제는 웃으니까 감사하고, 감사하니까 웃는 삶을 한번 살아보도록 하자. 거짓말처럼 세상이 바뀔 것이다. 자신감을 갖고 크게 웃어 보자. 누구도 우리의 인생을 대신 살아주지 않는다. 지금 이 순간 후회 없이 웃어 보자.

자신의 마음과 대화해야 한다

우리나라 속담 중에 이런 말이 있다.

"웃는 얼굴에 침 못 뱉는다." 영어로는 "스마일 페이스 노 퉤 퉤!"다.

아무리 화가 나고 안 좋은 상황에 처해도 웃음을 해결의 실마리로 삼아 문제를 풀어 나간다면 어려울 것이 없다는 선인들의 지혜가 담긴 속담이다.

모든 사람들의 눈을 가리켜 마음의 창이라고 말한다면 웃음은 마음의 대화라고 할 수 있을 것이다. 사람들과 만나 늘 웃음으로 대화를 하며 마음을 터놓을 수 있다면 그야말로 자연스러운 관계를 이끌어가는 힘이 되기 때문이다.

아이들의 순수하면서도 깨끗한 웃음을 한 번 떠올려 보자. 어느 한곳이라도 흠 잡을 만한 데가 없는 마치 천사의 웃음과도 같다. 울음도 마찬가지겠지만 아이들은 세상에 태어나 자신의 존재를 처음 알리는 행동으로 미소를 짓는다.

물론 어른이 되어가며 세파가 끼어들 것이다. 이러한 세파의 무게로 점점 순수함을 잃어 가는 어른들을 주변에서 많이 보게 된다. 이러한 과정을 인생이라고 못 박는다면 어쩔 수 없는 일이지만 적어도 어린 아이의 웃음 속에 담긴 행복감은 변질될 수 없을 것이다. 그것은 아이의 편안함과 건강함, 그리고 만족의 표시이기 때문이다.

그래서 웃음은 인간이 가지는 첫 번째 사회활동이라고 말할 수 있다. 웃음 자체가 부드러운 대화요, 호감의 표시이기 때문이다. 그렇다고 해서 우리가 어떤 상황에서도 웃을 수 있는 것은 아니다. 만일 그렇게만 할 수 있다면 우리는 천사이거나 신이거나 둘 중 하나일 것이다.

다만 많이 웃을수록 우리가 보다 성숙해질 수 있다는 말이다. 절대 울지 말라는 얘기가 아니다. 보통 잘 웃을 수 없는 사람은 잘 울지도 못한다. 웃음과 울음은 항상 함께하는 것이다.

요즘 주변을 둘러보면 눈물이 말라버린 사람들이 참 많다. 눈물이 없으므로 울 수가 없는 것이다. 그들의 눈에는 깊이가 없고 감정이 없다. 웃을 수 없는 것이 불구인 것처럼 울 수 없는 것 역시 불구인 것이다. 우리의 눈물과 웃음은 곧 우리가 살아 있다는 증거다.

웃음은 행복의 첫 단추 같은 의미다. 그렇기 때문에 행복해지려면 웃으면 된다. 웃음이 있는 곳에는 언제나 즐거움이 있고 생활의 활력이 넘쳐 난다. 복잡하고 힘든 이 세상에서 하루하루 웃으며 살아갈 수 있다는 것은 참으로 복된 일이다. 웃는 집에 만복이 들어온다. 그러니 웃고 사는 일은 복을 만드는 것이나 다름없다.

일부러 시간을 정해 놓고서라도 우리는 많이 웃어야 한다. 얼굴도 웃고, 마음도 웃어야 한다. 표정만 그럴듯한 웃음은 진짜 웃음이 아니다. 그것은 단순한 근육운동에 불과하다. 이왕 웃으려면 마음속에 접혀 있던 주름까지 쫙 펴지도록 크게, 활짝, 자지러지게, 소리 내어 웃자.

이제 모두 웃을 준비가 되었는가! 웃음은 인간이 가진 최고의 본성이다. 우리는 우리의 본성을 최대한 활용해야 할 의무와 책임이 있다. 이는 곧 자신의 마음에서 우러나는 행동이기 때문이다.

미국의 한 연구에 따르면 백 세 이상의 노인들을 대상으로 장수비결을 나누어 보았다고 한다. 기간은 10년으로 제안했다. 그런데 놀랍게도 첫 번째 이유가 긍정적인 사고였다고 한다. 그리고 신앙심과 봉사정신이었다. 이것은 긍정적인 성격이 삶에서 얼마나 중요한 자리를 차지하는지를 여실히 보여주는 예다.

긍정적인 사고를 갖자! 누군가 말했다. 추운 알래스카를 방문해 그곳에서는 절대 팔릴 것 같지 않은 냉장고와 감기약을 팔아 보자고. 그리고 더운 아프리카로 가서 그곳 원주민들에게는 필요치 않은 양말과 신발을 팔아 보자고.

이러한 생각은 자신의 강한 의지를 잘 드러내고 있다. 긍정적인 사고 말이다. 그 원천이 바로 웃음에 있음을, 그리고 자신의 마음가짐에 있음을 잊지 말아야 할 것이다.

"나는 지금 무엇을 원하고 있지?"

"내가 불행한 이유는 뭘까?"

"나는 왜 웃지 않는 것일까?"

계속 자문해 보아야 한다. 마음과 대화하라는 말이다. 무엇을 얻었는가. 우리가 나가야 할 길이 좀 더 잘 보이지 않는가.

백만장자가 된 어느 골퍼의 이야기를 읽은 적이 있다. 그는 자신이 왜 백만장자가 되고 싶은지에 대해, 그리고 행복이 무엇인지에 대해, 자신이 진정 잘하고 원하는 일이 무엇인지에 대해 매일 노트했다고 한다. 그리고 그것을 실천했다고 한다. 이렇듯 끝없이 자기 마음이 내는 소리를 들어 보아야 한다. 지속된 노력을 하면서 말이다.

웃음은 즐거운 전염인자다

강남의 한 초등학교에서는 매일 아침 웃으면서 수업을 시작했더니 학생들의 성적이 눈에 띄게 올라갔다고 한다. 웃음의 놀라운 효과가 아닐 수 없다. 이러한 웃음의 효과는 촉각이 곤두서는 군대에서도 예외는 아니다.

최근에 나는 전방 철책선에 근무하는 약 250여 명의 헌병들과 그 가족들까지 모인 자리에서 웃음치료를 실시한 적이 있는데 정말 가슴 뿌듯한 자리였다. 장병들의 기가 느껴지는 함성 소리도 소리였지만 한창 젊은 나이인 그들의 웃음소리는 그야말로 힘이 넘쳤다.

한동안 군부대 내무반에서 구타사고와 성폭행 사건들이 발생했고 GP에서는 총기 사고까지 일어났었는데 그런 와중에도 웃음치료를 실시했던 부대는 불미한 사고들이 현저하게 줄어들었다고 했다.

특히 다른 부대에 비해 웃음치료를 자주하는 부대는 사고율이 거의 전무하다는 이야기를 군부대 관계자로부터 들었다. 뿐만 아니라 그러한 여세를 몰아 군부대 정문 구호며 식당, 내무반 구호까지 온통 "웃자, 웃자"로 바뀌어 있었다.

웃음이란 이렇게 사람을 바꾸고, 생각을 바꾸며, 행동을 바꾸는 신비한 것이다. 여러 차례 강조하게 되지만 정말 신이 내린 최고의 선물인 것이다. 그래서 일소일소(一笑一少) 일노일노(一怒一老)라는 말도 있지 않던가.

언젠가 어느 화장실에 들어가 보니 "남자가 흘리지 말아야 할 두 가지란?"이라는 메모가 붙어 있었다. 그 메모 아래, 답이 눈물과 오줌이라고 적혀 있어서 한참 동안 웃었던 적이 있다.

그보다 더 수긍이 갔던 메모가 있다. 바로 그 옆 〈성공의 지름길 20가지〉였는데, 첫 번째가 "자주 웃는 일이다"였다. 누구인지는 모르지만 웃음의 놀라운 효과와 결과를 체험해 본 사람일 것이라는 생각이 들었다.

레이먼드 히치콕은 이러한 명언을 남겼다.

“만일 그가 여전히 웃을 수 있다면 그 사람은 가난하지 않다.”

셰익스피어는 말했다.

“그대의 마음을 웃음과 기쁨으로 감싸라. 그러면 1천 가지의 해로움을 막아주고 생명을 연장시켜 줄 것이다.”

웃기 때문에 부자이고, 웃기 때문에 1천 가지의 병을 막을 수가 있다니, 이렇게 쉬운 진리가 또 어디 있단 말인가?

웃음 강의 일을 처음 시작할 때 매주 1회씩 서울역 광장, 숭례문 광장 등 길거리 무료 특강을 하고 매월 2박 3일씩 웃음치료를 하러 다녔다. 그곳에서 말기 유방암 환자, 폐암이 뇌까지 전이된 환자, 류머티즘 환자, 우울증, 불면증, 실어증으로 고생한 환자 등을 웃음치료로 낫게 한 경험이 있다.

내가 그들에게 웃음을 전파했다고는 하나 사실 진정한 웃음을 주었던 건 내가 아니라 바로 그들이었다. 그들은 지금도 내 홈페이지에 평생 감사하며 살겠다고 글을 올린다. 그들이 나로 인해 행복했다고 하지만 나야말로 그들이 있어 행복했다. 웃음은 늘 그렇게 서로에게 기쁨과 기적을 안겨주는 즐거운 전염인자다.

이와 같은 여러 사례들을 옮겨 본다.

자살의 늪에서 끌어올린 생명의 웃음

20년째 편두통을 앓는 주부가 나를 찾아왔다. 병세가 심해 일반 두통약과 병원에서 처방하는 우울증 치료제를 함께 복용해야 할 정도였다. 2005년 초부터는 그 증세가 더욱 심해져 남편이나 가족과 함께 있어도 우울하다고 했다.

대인기피증으로 혼자 있는 시간이 많아지면서 죽고 싶은 마음이 들 때도 많았다고 털어놨다. 설상가상으로 불면증까지 겹쳤다. 고민 끝에 신경정신과에 3개월 입원을 하였으나 퇴원 후 며칠 지나지 않아 우울증이 재발했고, 그렇게 입원과 퇴원을 반복하며 삶의 의욕을 완전히 잃은 상태였다. 보다 못한 지인이 웃음치료 강의를 소개해 줘 찾아오게 되었다고 했다.

처음에 그녀는 의구심을 가지고 있었다. 무료 웃음치료 세미나가 '과연 얼마나 효과가 있을까' 하는 눈치였다. 강당에 모여 아무 이유 없이 껄껄 웃고 소리치는 교육생들을 마치 미친 사람을 보는 듯한 눈길로 바라보았다.

강연이 끝나자 그녀는 조용히 사라졌다. 그런데 다음 주 강의에도 그녀가 나타났다. 지난주보다 조금 달라진 모습이었다. 사람들을 지켜보기만 했던 그녀가 얼굴에 함박웃음을 띠며 동작을 열심히 따라 했다. 그 후 열심히 웃음치료 세미나에 참여했다.

그러던 어느 날 그녀가 다시 내게 찾아왔다.

"처음에는 반신반의하는 마음으로 참여했는데, 웃음 세미나에 참석한 날에는 집에 돌아가 숙면을 취하게 되니 정말 신기하더라고요."

그녀는 내가 강의 시간에 웃음이 면역력을 높이고 스스로를 치료할 수 있는 자연 치유력을 만든다고 했던 말이 떠올랐다고 했다. 그 이후 2개월간 '살고 싶다'는 심정으로 열심히 참여했다고 털어놨다.

그 결과 밤마다 시달리던 불면증에서 벗어났다는 것이었다. 또 두통약이 없으면 버티지 못했었는데 얼마 전 검사 결과 두통도 사라지고 우울증 증세도 눈에 띄게 호전되었다고 했다.

그녀는 이제 웃음의 기적을 일으킨 장본인이 되었다. 이십 년 동안 앓아 온 우울증을 말끔히 떨친 후 그녀는 주위 사람들에게 웃음의 중요성을 알리는 전도사 역할을 하고 있다. 그녀는 오늘도 이렇게 말한다.

"우울증을 앓고 있는 분들이 웃음치료를 통해 건강을 회복하시기를 간절히 바랍니다. 웃음으로 건강해지세요!"

죽음의 그림자를 걷어낸 웃음의 기적

결혼 20년차 주부가 웃음치료센터의 나를 찾았다. 남편과 네

딸들의 뒷바라지를 하느라 자신을 돌볼 겨를도 없이 산 어머니였다. 이제 딸들을 시집보내고 생활의 안정을 찾자 불현듯 '나는 여태껏 나를 위해 산 인생이 아니라, 가족들의 필요를 채워 주기 위한 도구로만 존재했었구나.' 라는 생각이 찾아왔다고 했다.

그녀를 정말 두렵게 한 것은 우울증 증세에 더해 그녀를 괴롭힌 류머티즘 관절염이었다. 손가락 관절 마디마디가 너무 아파서 숟가락을 쥘 수조차 없을 정도였다니 극심한 고통이 짐작되었다.

먹고 잠자는 일처럼 기본적인 생활도 할 수가 없다고 했다. 기침을 할 때 가래에 피가 섞여 나와 검사를 해 보니 기관지 확장증이라는 병명이 나왔단다. 병원은 그녀에게 전신마취를 하고 피부조직을 떼어내 검사할 것을 권유했다.

영화배우 고 김우식 씨도 그녀와 같은 병명이었는데 결국 사망했다는 말을 들으니 그녀는 조직검사도, 약물치료도 지긋지긋해져 그냥 병원을 나와 버렸다고 했다.

그러다 갑자기 몇 년 전 택시기사가 웃음치료에 대해 이야기했던 것이 생각나 지푸라기라도 잡는 심정으로 웃음치료를 알아보았고, 광화문 거리에서 하는 웃음치료 강습에까지 오게 된 것이었다.

처음에는 쭈뼛거리며 서 있었지만 그녀는 곧 열심히 따라 하기 시작했다. 빌딩 사이에서 허공을 향해 웃는 모습이 좋아 보였다. 일주일 후 남대문에서 하는 웃음치료에도 나타났다. 이번에는 더욱 자신감이 생겼는지 누구보다 크게 소리 내어 웃었다. 열심히 하다 보니 그날의 웃음 여왕으로까지 뽑히게 되었다.

그리고 일주일 뒤 나타난 그녀는 놀라운 소식을 전해 주었다. 검사 결과 기관지 염증과 기관지 확장증이 모두 나았다는 것이다. 류머티즘 염증도 바이러스가 거의 정상 수치로 뚝 떨어졌다고 했다.

죽음의 그림자가 드리워졌던 삶에 갑자기 희망이 보이기 시작한 것이다. 그녀는 여전히 건강을 유지하며 웃음치료사 자격증 과정을 밟고 있다. 자신이 받은 행복감을 다른 사람들에게 전해 주고 싶다는 생각에 매일 행복하다는 그녀를 보며 진정한 웃음의 기적이 무엇인지 알 것 같았다.

청춘으로 돌아가게 만드는 웃음의 힘

웃음치료사 14기로 입소한 교육생 중에 마흔여섯 살 세쌍둥이 아빠가 있었다. 입소 전 식중독으로 온 가족이 응급실에 실려 가 치료를 받았는데, 입원 도중 그가 한사코 웃음치료 교육장에 가겠다고 하자 가족들이 전부 뜯어말렸다고 했다.

그러나 결국 내가 하고 있는 웃음치료사 과정에 입소했고, 첫날 열심히 교육을 받은 뒤 가벼운 몸과 마음으로 잠이 들었다. 그런데 다음날 쉬는 시간, 그가 몰래 나를 찾아왔다.

"선생님, 저…."

"무슨 일인데 그러세요?"

"민망해서 얘기하지 않으려고 했는데, 하도 신기해서 말씀드리려고 합니다. 제가 어제 새벽에 몽정을 했지 뭡니까. 총각 때 멈춘 이후로 몇 십 년 만이에요. 그것도 마흔여섯 세쌍둥이 아빠가 말입니다. 믿어지십니까?"

나는 당장 이 이야기를 교육생들 앞에서 발표하라고 그를 설득했다. 쑥스러워했지만 그는 자신 있게 자신의 경험을 말했고 '미스터 몽정'이라는 별명까지 얻었다. 웃음에 대한 믿음이 신체적 나이까지 바꾼 사례가 아닐 수 없다.

웃음이 만든 또 다른 선물이 여기 있다. 인터넷에서 나의 웃음치료 강의를 본 한 주부의 이야기다. 그녀는 나의 강의 동영상을 아침, 점심, 저녁마다 매일 시청했다고 한다. 그리고 일 분간 박장대소를 하고 일상생활에서도 매일 미소를 지으려 노력했다.

2년 6개월이 되도록 끊임없이 웃음 연습을 한 결과 매주 자신을 괴롭히던 두통이 씻은 듯이 없어졌다고 했다. 원래 두통약을 집에 몇 통씩 사다 놓고 먹을 정도로 심한 통증에 시달렸지만 웃음 연습을 하고 난 다음부터는 증세가 호전된 것이다. 지금도 다니는 직장에서 웃음 전도사라는 별명을 얻으며 즐겁게 일하고 있다는 소식을 전해 주었다.

웃음이 가져온 제 2의 생명

한 주부가 웃음치료센터의 나를 찾아왔다. 사회복지사로 일하는 그녀는 심한 아토피가 있었다. 출산 이후 더욱 심각해졌다고 했다. 가려움증 때문에 잠을 못 이루고 몇 시간씩 뒤척거린다고 털어놨다. 잠을 못 자서 그런지 무척 피곤해 보이고 얼굴 근육도 굳어 있었다.

일단 왔으니 웃음치료 강의를 듣고 가라고 했다. 신나게 웃고 돌아간 그녀가 다음 주에 다시 찾아왔다. 이상하게 몸이 가렵지가 않다는 것이었다. 이후 그녀는 지속적으로 웃음 강의를 들었다. 그리고 아토피를 완전히 치료했다. 아무런 약이나 외과적 치료 없이 웃음으로만 자신의 병을 고친 것이었다.

몸의 병이 나으니 얼굴 표정까지 달라졌다. 지인들이 밝아지고 긍정적인 성격이 되었다는 이야기를 많이 건넨다고 했다. 이제 둘째를 가질 욕심이 생긴다는 말도 덧붙였다. 그녀는 지금도 열심히 웃음치료 강의를 들으며 자신의 이야기를 다른 사람에게 전파하고 있다.

내가 매주 웃음치료 강의를 진행하는 것만큼 중요하게 생각하는 것이 암 환자를 대상으로 하는 특강이다. 암 환자 모임에서 만난 한 주부는 원래 자신은 성격도 밝고 잘 웃는 성격이었다고 했다.

그런데 건강검진 후 난데없이 폐암 말기 진단을 받았다. 뇌까지 전이되어 3개월밖에 살지 못 한다는 청천벽력 같은 소식이었다. 아직 아이들이 어렸기에 더욱 충격적이었다. 가족은 웃음을 잃었고 병원에서도 별 치료 방법이 없다는 말만 되풀이했다.

그러던 도중 암 환자 모임에서 내가 진행하는 웃음 특강이 있다는 이야기를 듣고 마지막이라는 생각으로 참석했단다. 그러나 죽는다고 생각해 자포자기했던 마음에 웃음 특강으로 인해 희망의 불씨가 피어났다고 말했다. 절망의 늪에서 웃음으로 온기를 되찾은 것이었다.

표정이 밝아지자 암세포도 없어졌다. 재검사를 한 결과 많이 호전되었다는 결과를 얻은 것이었다. 무엇보다 좋은 것은 아이들과 남편이 웃음을 되찾은 일이었다. 엄마가 늘 웃고 밝은 모습을 보이니 아이들과 남편도 덩달아 희망을 갖게 된 것이었다. 이 가정에는 웃음이 돌아왔다.

그 주부는 지금도 말한다. "웃음이 제게 준 것은 생명 그 자체입니다. 많이 웃으세요, 웃음은 암세포도 이겨냅니다."

50대 교장선생님이 외치는 파이팅

웃음치료는 학생, 직장인, 공무원 등 다양한 사람들을 대상으로 이루어진다. 하루는 교장·교감 선생님을 대상으로 강의를 진행했던 적이 있었다. 모두 희끗희끗한 머리를 가진 50대 이상 분들이었다.

우리나라에서 가장 웃음이 없는 나이가 50대 이상이라고 한다. 생계를 유지하기에 바빠 제대로 여유를 즐기지도, 자신을 위해 웃어 본 적도 없기 때문일 것이다. 칠십 여명의 교장·교감 선생님들도 마찬가지였다. 근엄한 표정으로 앉아 있는 이들을 보니 걱정이 앞섰다.

그러나 기우일 뿐이었다. 내가 먼저 박장대소를 하니 금세 긴장이 풀어졌다. 웃음보따리를 풀어 놓으니 교장, 교감 선생님들은 어린 아이들처럼 배꼽을 잡았다. 펀 리더십과 펀 교육의 중요성에 대해 강의를 할 때는 교육 전문가답게 무척 진지하게 듣는 모습이었다.

나 또한 문제아 소리를 듣고 불우했던 청소년기를 겪으며 학교에 다녔지만 20년이 지난 후 모교에 웃음 특강 요청을 받아 방문하게 되었다는 인생 역전기를 들려주었다. 진정한 교육이란 지식이 아니라 지혜를 가르치고 열정을 심어 주어야 한다는 말에 모두 크게 끄덕이며 동의하는 모습이었다.

쉬는 시간에도 웃음의 열기는 식지 않았다. 이때 한 선생님이 나를 찾아왔다. 오늘 아침부터 심한 편두통에 시달리고 있었는데 한 시간 강의를 듣고 나니 편두통이 씻은 듯이 사라졌다는 것이었다. 많은 선생님들도 놀라는 눈치였다. 그리고 자신들의 병도 낫기를 바라는 마음으로 2교시에는 더욱 집중해 수업에 임하는 모습이었다.

마지막으로 조수미의 노래를 들으며 다 같이 파이팅을 외친 후 나이 지긋한 교장·교감 선생님이 감동받은 눈길로 나를 쳐다보던 것을 잊을 수 없다. 그들은 이 프로그램이 연수 전반부에 배치되었다면 더 좋았을 거라고 아쉬움을 토로하기도 했다.

나는 이들에게 웃음치료 자료들을 모두 나누어 주었다. 그리고 인터넷 홈페이지에서 강사방 코너를 따로 만들어 정보를 공유할 수 있도록 했다. 비록 강연 전에 몇 시간 못 자 눈은 빨갛게 충혈되어 있었고 아침에 일어날 때 코피를 쏟았지만 다들 즐거워하는 모습을 보니 너무나 보람찼다. 펀 교육의 필요성이 더 많은 이들에게 알려져 웃음의 기적을 만들어냈으면 하는 바람이었다.

세 가지 암이 사라지다

웃음치료를 하다 보면 많은 환자들과 만나게 된다. 이 주부는 그중에서도 특이한 경우였다. 유방암과 뇌종양, 그리고 자궁암까지 세 가지의 암이 몸을 덮친 상태였다. 계속된 수술과 항암 치료로 몸과 마음이 무척 피폐해져 있는 것처럼 보였다. 살아서 병원 문을 나설 수 있을까 생각을 했다고 하니 그 상태가 짐작이 되었다.

그녀는 거의 1년여간 내가 하고 있는 웃음치료에 쉬지 않고 참석했다. 그리고 웃음치료사 자격증까지 따 강연 봉사를 시작했다. 비슷한 처지의 환자들에게 그녀의 강의는 무엇보다 좋은 치료약이었다. 그녀의 웃음 강의를 듣고 새 희망을 찾기 시작한 사람들이 적지 않았다.

그리고 얼마 전, 그녀가 놀라운 소식을 전해 왔다. 자신을 괴롭힌 세 가지 병이 모두 나았다는 것이다. 그녀는 이제 직장에 들어가게 되었다는 소식도 함께 전해왔다. 아플 때는 꿈도 꾸지 못했던 일이었다. 하루만 더 살게 해 달라고 빌던 사람이 어엿한 직장인이 된 것이었다.

주변인들도 그녀의 기적 같은 소식을 듣고 웃음치료에 대한 생각을 바꿨다고 했다. 그만큼 웃음은 몸의 병을 치료하고 새 인생을 살게 해 주는 만병통치약인 셈이다.

2005년 갑자기 신장암 진단을 받은 김모 씨도 마찬가지였다. 신장 제거 수술을 받고 한쪽 신장을 갖고 살아가고 있던 그는 신장에서 생겼던 암이 간에 전이되었다는 판정을 받고 두 번째 수술을 하게 되었다. 신장은 두 개가 있어 하나를 떼어 내도 지장이 없었지만 간은 달랐다. 그는 왜 이런 일이 발생하는지 끊임없이 하늘을 원망했다고 털어놨다.

그러나 시련은 거기서 끝이 아니었다. 1년 뒤 또다시 간경화와 간암이 차례로 발병했기 때문이다. 3차 암 진단을 받고 입원하기 전까지 그는 매일 새벽에 일어나 눈물로 밤을 지새웠다고 했다.

죽는 날만 기다리고 있을 바에는 실컷 웃기라도 하자는 생각에 친구에게 전해들은 웃음치료센터를 찾았다고 했다. 수업 시간에 제일 잘 웃는 사람은 2박 3일 웃음치료 교육에 무료로 참가할 수 있게 해 준다는 이야기를 듣고 그는 무척 열심히 교육을 받았다. 결국 1등에 뽑혀 웃음 교육을 받고 웃음치료사 자격증까지 받았다.

자신감이 생긴 그는 6년 동안 하루도 빠지지 않고 집 근처 공원으로 가 1시간씩 웃는 연습을 시작했다. 또 매주 수요일과 토요일에는 남산에 올라가 웃음 연습을 계속한 결과 아무런 항암 치료와 약 복용 없이 아직까지 건강한 모습으로 살고 있다.

간경화에 간암까지 발생하면 1년 내에 사망할 확률이 높다는 의료진의 말을 비웃기라도 하듯 지금까지 건강을 유지하고 있는 것이다. 그는 앞으로 더 열심히 웃음치료를 계속해 120살까지 살고 싶다는 소망을 털어놨다. 지금처럼 열심히 하는 모습이라면 가능할 것이라 믿는다.

아이에게 배워라

사람이라면 누구나 웃을 수 있다. 그렇지만 모두 웃음의 정도가 같지는 않다. 개인차가 있는 것이다. 마치 바보처럼 웃음이 헤퍼 종일 입을 벌리고 있는 사람이 있는 반면 지나치게 웃지 않는 사람도 꽤 많다. 웬만한 일에는 얼굴 근육조차 움직이지 않고 입술만 까닥거리는 정도다. 이러한 사람들은 의외로 우리 주변에서 쉽게 찾을 수 있다. 놀라운 일이 아니라는 말이다.

물론 웃지 못할 상황에 처해 있다면 이해할 수 있다. 그러나 근본적으로 웃음이 적은 사람은 내적인 고민이 있거나 아니면 건강상의 문제가 있는 것이 아닌가 하고 주변의 걱정을 사게 된다.

이와는 반대로 지나치게 헤픈 웃음을 가진 사람이라면 모자라 보인다고 생각할 것이다. 점잖지 못한 사람으로 취급받는 것이다. 때문에 웃음은 적재적소에 지을 수 있어야 한다. 이 또한 지혜가 필요한 일이다.

보통 아이들을 보면 배가 부르거나 불편한 곳이 있을 때 웃음으로 자신의 상황을 알린다. 물론 울음으로 표현하는 경우도 있다. 어른들에게 배우지 않아도 아이들은 자신의 상태를 잘 드러낸다. 자연스럽게 웃는 것을 터득한 것이다.

이러한 아이들의 웃음을 통해 어른들 또한 무척 기뻐한다. 그 사이에 어른과 아이 두 사람 모두 웃음이 주는 쾌감을 서서히 알게 되는 것이다.

웃음이 없는 가정에서는 아이의 건강한 웃음도 기대하기 힘들다. 아이들의 재롱이 식상해진 어른들은 더 이상 웃으려 하지 않기 때문이다.

가정에서만 이러한 일들이 벌어지는 것은 아니다. 사회생활을 하는 내내 인간관계를 원만히 유지해야 하는데 이때 웃음을 활용하려고 노력하는 사람들은 모두 아이와 같은 웃음 초년병이 된다.

그렇다면 우리에게 지금 필요한 것이 무엇이겠는가. 아이의 웃음처럼 싱싱한 웃음이다. 해맑은 웃음을 조금씩 키워나가자. 그리고 싹을 틔워 보자. 싱싱한 싹이 돋아 나무가 되듯 웃음을 시작하려는 사람들 또한 처음에는 어색하겠지만 좀 더 적극적인 자세로 큰 웃음을 만들어 가길 바란다.

억지로라도 웃어라

어떻게 하면 살을 뺄 수 있을까 하는 관심은 예나 지금이나 가히 폭발적으로 쏟아지고 있다. TV에서 어떤 연예인이 살을 빼고 나오면 무슨 방법을 썼는지가 초미의 관심사로 떠오르고, 인터넷 검색 순위 1위로 껑충 뛰어오른다. 살을 뺐다는 수많은 사람들이 이런저런 방법들을 소개하지만, 막상 내가 실천해 보았을 때는 웬일인지 별 효과를 보지 못해 실망하기 일쑤다.

굶어서 빼고, 운동해서 빼고, 어떤 특정 음식물을 먹어서 빼는 등의 비결들이 소개되지만 실제로 그렇게 해서 살을 뺀다는 건 보통의 정신력이 아니면 실행하기 어렵다.

먹고 싶고, 놀고 싶다는 인간의 본능을 억제해 가면서 다이어트를 하다보면 어느 순간 한계에 부딪쳐 그만 "에라 모르겠다" 하는 심정으로 다이어트를 포기하게 마련이다.

그런데 최근 YTN 방송과 안산보건소가 함께 실시한 웃음치료 실험에서 놀라운 결과가 나왔다. 웃음치료 강연을 7분 듣고 3분간 박장대소한 결과, 무심코 물 석 잔을 마셨고 윗옷이 흠뻑 젖은 상태로 체중을 측정했는데도 1킬로그램이 줄었다는 것이다.

미국 밴더빌트대학 연구진들은 하루 10~15분가량 웃을 경우 약 10~40칼로리 정도의 열량이 소모된다고 밝혔다. 그렇다면 30분 정도 웃는다면 열량은 배가 되어 일상적인 집안 청소나 장보기에 드는 75칼로리보다 많은 감량의 효과가 있다는 말이 된다.

만일 45분가량 웃음을 멈추지 않는다면 142칼로리를 소모하게 된다. 이것은 줄넘기를 하는 것과 같은 열량이다. 단지 가만히 앉아 웃고만 있어도 살이 빠진다는 얘기가 되는 것이다.

이 연구소에서는 웃을 때 평상시보다 20% 이상의 열량이 소모된다는 결과를 발표했다. 또한 여학생에 비해 남학생들이 비교적 많이 웃는다는 것을 알아냈다.

〈웃으며 살 빼는 법〉의 저자인 케이티 남리보는 전하고 있다.

"나는 많이 웃는 방법으로 4년 만에 16킬로그램을 뺐다. 매일 30초에서 5분 동안 웃기를 10회씩 하면 식탐이 없어지고 운동 욕구가 생긴다."

또 스탠퍼드 대학의 윌리엄 프라이 교수는 이렇게 말했다.

"하루 100회에서 200회를 웃으면 10분간 노를 젓는 것과 같은 운동 효과를 심장에 준다."

이러한 발표들은 웃음이 다이어트에 얼마나 효과적인지를 직접적으로 보여주고 있다. 그래서일까. 미국의 한 잡지에 게재된 기사를 보면 놀라울 정도로 웃음의 파급이 빠르다는 것을 알 수 있다. 단지 웃음이 다이어트에 효과적이라는 발표를 했을 뿐인데 미국에만 1천여 곳에 이르는 웃음클럽이 생겨났다는 것이다. 또한 세계적으로 3천여 곳이 될 것이라 예상하고 있다.

웃음이 과식을 부르는 스트레스 호르몬인 코티졸을 줄여 준다는 연구는 매우 많다. 웃음의 메신저로 알려진 내과의사 패치 애덤스는 과식에 대해 이렇게 표현했다.

"우울과 심심함, 외로움이 과식을 유도한다. 따라서 긍정적인 성격이 다이어트를 돕는다는 사실을 확인할 수 있다."

사람의 뇌는 자기최면에 잘 걸린다. 그렇기 때문에 어떤 일을 시작할 때 꼭 이루어 낼 수 있다는 확신과 긍정적인 마인드가 중요하다. 즉 상상할 수 있는 최대한의 성공을 이끌어 내야 한다는 말이다. 이는 다이어트를 할 때도 해당된다.

한 예를 들어보자. 미국의 한 연구소에서 실험한 내용이다. 이는 개인의 상상이 신체에 미치는 영향에 대해 알아본 결과다.

연구소 관계자는 사형수들을 불러 모아 돈을 줄 테니 실험에 응할 사람이 있는지를 물었다. 그때 세 명의 지원자가 앞으로 나섰다. 이 실험은 사람이 어느 정도의 피를 쏟아야만 죽는지를 측정하는 것이었다.

연구를 시작하기 전 안내자가 앞으로 나와 사형수들에게 말했다.

"처음에는 동맥을 절단할 것입니다. 그리고 흐르는 피를 모두 양동이에 받을 것입니다. 그때 피를 얼마나 많이 쏟아야 의식을 잃는지를 측정할 것입니다. 그리고 심장이 멈추는 시간도 함께 확인할 예정입니다. 이 실험을 시작하기 전 마취를 하기 때문에 고통을 느끼지는 못할 것입니다."

수술대에 누운 사형수들은 어떤 마음이었을까.

그러나 이러한 설정은 모두 가짜였다. 연구팀에서 꾸민 일이었다. 그럼에도 불구하고 실험에 참가한 세 사람은 한 방울의 피도 흘리지 않고 죽었다. 이유가 무엇이었을까. 그들은 실제 자신이 죽을 것이라고 굳게 믿고 있었던 것이다.

사람의 뇌는 어떠한 정보를 받아들이는지에 따라 분비되는 호르몬이 달라진다. 이때 어떤 것을 믿느냐에 따라 그 결과는 달라진다. 그렇다면 다이어트의 성공과 실패 또한 이러한 긍정적인 믿음과 상상에서 결정되는 것이 아닐까.

웃음으로 다이어트를 시작해 보자. 이는 다른 다이어트에서 나타나는 요요현상이 없다. 혼자 다이어트를 할 경우에는 무척 고된 길을 외롭게 이겨낸다는 느낌이 강하다. 그러나 웃음 다이어트는 여러 사람들과 함께 모여 웃으면 그뿐이다. 그때의 다이어트 효과는 33배나 증가한다고 한다. 잘 웃으면 8년을 더 살 수 있으며, 늘 감사하고 칭찬하고 긍정적인 사고방식을 갖고 있다면 6년을 회춘한다.

레이먼드 A. 뮤디 박사는 유머를 질병 치료에 응용했다. 그는 말했다.

"단순히 환자를 웃기는 데 그치지 않고 인생을 유머러스한 관점에서 볼 수 있도록 의사가 도와야 한다. 이것이야말로 궁극적으로 가장 가치 있는 치료법이라고 할 수 있다."

미국 스탠퍼드 의대 교수 윌리엄 프라이 박사는 말했다.

"웃음은 전염된다. 웃음은 감염된다. 이 둘은 당신의 건강에 좋다."

또 스위스 바젤에서 열린 국제학술회의에서 독일의 정신과 의사 미하엘 티체 박사는 이렇게 발표했다.

"웃음은 스트레스를 진정시키고, 혈압을 낮추며, 혈액순환을 돕고, 면역 체계와 소화기관을 안정시킨다."

이것은 웃을 때 통증을 없애는 호르몬이 분비되기 때문이다.

웃지 않아 얼굴이 굳어 있거나 깊은 고민에 빠져 있는 사람의 수명은 짧다. 아무리 명의라 해도 의사가 고칠 수 있는 병은 20%에 지나지 않는다. 웃으면 알파파가 증가하고 머리에 산소 공급이 두 배로 증가하므로 기억력과 집중력이 높아진다. 이렇게 웃음은 대체 의학이자 통증 의학으로서 각광받고 있다.

그렇기 때문에 우리는 슬퍼도 괴로워도 캔디처럼 견디며 웃어야 한다. 억지로라도 웃어야 한다. 희망이 보일 때까지 믿음이 생길 때까지 웃고 또 웃어야 한다. 그것이 나와의 싸움에서 진정 이기는 길이다. 그리고 다이어트에 성공해 자신감을 되찾는 일이다.

"억지로라도 웃자, 웃자, 웃자."

• 매력적인 웃음을 위한 근육 운동

사람의 얼굴 중 입 둘레 근육인 구륜근은 웃음과 직결되는 근육이다. 구륜근을 단련시키면 아름다운 미소를 지을 수 있을 뿐만 아니라 웃을 때 생기는 입가 주름도 예방한다. 평소에 집게손가락으로 입술 꼬리를 지그시 누르고 웃는 연습을 하면 잔주름과 근육 이완을 방지할 수 있다. 그 단계가 자연스럽게 된다면 다음에는 두 손을 주먹 쥐고 볼을 마사지한다. 볼에 탄력이 생기면서 보다 멋지게 웃을 수 있을 것이다.

앞서 여러 차례 말했듯 거울 앞에서 서서 자신의 웃는 모습을 관찰해가며 웃는 사람은 아마 거의 없을 것이다. 하지만 당장 오늘부터라도 그렇게 해보자. 세상 어떤 일이든 노력과 연습 앞에선 모두 함락되고 마는 것이다. 이 책을 읽고 있는 독자들은 지금 당장 거울 앞으로 가자. 모나리자가 아니고 미스코리아가 아니면 어떤가. 그들의 아름다운 웃음을 따라잡는 것은 시간문제다.

이왕 웃을 거라면 입을 아주 작게 벌려 웃거나 소심하게 웃는 것보다는 적어도 앞 윗니가 다섯 개 이상 보이도록 웃자. 입술 꼬리가 살짝 올라가고 눈웃음도 짓자. 거울 앞에서 입술 꼬리를 누르며 근육운동을 열심히 했다면 매력적인 웃음이 당신 얼굴에 번지게 된다. 이른바 놀라운 웃음의 효력을 느끼게 되는 것이다.

사람들의 웃는 모습을 가만히 관찰하다 보면 다 같은 모습으로 웃고 있는 것 같아도 모두 제각각이다. 입을 조금만 벌리고 웃는 사람이 있는가 하면 목젖이 다 보이도록 웃는 사람도 있고 살인미소라고 불릴 만큼 미소가 아름다운 사람이 있는가 하면 입가에 손을 대고 소심하게 웃는 사람도 있다.

또 같은 사람이라도 누구와 어떤 이야기를 하느냐에 따라 웃는 모습이 달라지기도 한다. 일반적으로 어려운 상대와 같이 있게 되면 호탕하게 웃는다거나 박장대소를 하는 일은 삼가게 된다. 긴장을 하고 있기 때문인데 이럴 때는 일부

러라도 마음을 밝게 갖고 좋은 표정을 지을 수 있도록 노력해보자.

입술 꼬리를 올리는 근육운동과 볼 근육 운동을 열심히 해서 매력적이고 아름다운 웃음을 만들었다면 계속해서 그 웃음을 유지해야 한다. 웃는 얼굴 표정 그대로 최소한 10~15초 동안 정지해 보자. 얼굴에서, 마음에서, 온몸에서 파워가 느껴질 것이다. 웃는 표정을 오래 유지하면 할수록 그 파워의 정도가 달라진다.

당당하고 자연스럽게 미소 짓는 사람은 누가 보아도 자신 있고 능력 있어 보인다. 그것이 바로 웃음의 능력이고 힘이다. 이런 웃음은 즐거운 마음과 미래에 대한 희망을 품은 상태에서 나오는 웃음이다.

1960년 미국 대통령 선거에서 항상 미소를 잃지 않은 케네디가 굳은 표정의 닉슨을 압도한 일화는 유명하다. 매력적으로 미소 짓는 사람이 그렇지 않은 사람보다 성공할 확률이 그만큼 높다는 논리를 극명하게 드러낸 예이기도 하다. 이런 효과를 '스마일 파워'라고 한다.

매력적으로 웃는 얼굴은 타인을 자신의 편으로 만들고 다른 사람에게 행복을 전파하며 그것이 곧 자신에게도 좋은 작용으로 되돌아온다는 뜻이다. 현대사회에서는 개인이 가진 실력이나 지식도 중요하지만 첫인상으로 인한 대인관계도 무시할 수 없는 중요 요소이기 때문에 이런 말이 나온 것이리라.

웃음의 힘을 키우려면 근육 훈련을 해야 한다. 나이가 들면서 운동량이 줄어들면 얼굴근육도 퇴화하기 때문에 훈련을 통해 젊고 탄력 있는 근육을 만들어야 아름다운 미소가 나올 수 있다.

아침에 조깅이나 체조를 하듯 입술 주변의 근육을 집중적으로 단련하는 훈련이 필요하다. 입을 크게 벌렸다가 오므리는 운동, 거울을 보며 웃는 얼굴을 만드는 연습 등을 꾸준히 하면 도움이 된다. 이런 적극적이고 규칙적인 훈련에 긍정적인 사고를 더한다면 금상첨화다.

웃음으로 당신의 매력을 발산하라

웃음은 열 가지 매력이 있다. 웃음이 가진 매력을 한마디로 표현하면 '깔, 꿀, 끌, 꼴, 끼, 깡, 끈, 꿈, 꾀, 끈'이다. 먼저 '깔'. 웃는 사람은 깔깔거리니까 소리가 아름다워서 사람들이 많이 몰려온다. 그리고 '꿀'. 웃는 사람은 항상 달콤하다. 에너지가 넘친다. 그리고 '끌' 웃는 사람은 남을 잘 끌어당긴다. '꼴'은 어떤가? 웃으면 꼴이 좋아진다.

'끼'는 남을 잘 웃기는 사람은 끼가 넘친다는 데서 나온 말이다. 또 웃으면 자신감이 넘치고 '깡'이 세진다. 자신감이 있는 뇌와 없는 뇌를 비교하니 자신감이 있는 뇌의 활성화율이 20% 높게 나왔다. 웃음으로 얻은 자신감이 뇌에 건강한 자극을 준 것이다.

'꾼'은 전문적이다. 뭐든 할 수 있는 전문가는 웃을 줄 안다. 그 다음 '꿈'은 비전이다. 앞으로 나는 뭐든지 할 자신이 있다는 것이 꿈이다.

또한 남을 잘 웃기는 사람에게는 '꾀', 즉 지혜, 관용, 덕이 있다. 마지막 '끈'은 뭘까? 웃는 사람은 매력이 있어 많은 인맥의 끈을 만드는 것이다. 자 따라해 보자. 깔, 꿀, 끌, 꼴, 끼, 깡, 꾼, 꿈, 꾀, 끈.

깔 – 즐거운 소리로 세상을 항상 너그럽게 품는다.

꿀 – 달콤하고 행복하며, 꿀과 같이 에너지가 넘친다.

끌 – 상대방을 끌어당기는 매력, 즉 마력이 있다.

꼴 – 첫인상이 호감형이며, 건강하고 밝은 이미지가 있다.

끼 – 재능과 자질을 겸비하고 있다.

깡 – 자신감이 있으며, 모험과 도전을 두려워하지 않는다.

꾼 – 일에 몰입하며, 프로 의식이 있고, 일에 미치고 즐길 줄 안다.

꿈 – 비전이 뚜렷하며, 상상력과 창조력이 뛰어나다.

꾀 – 지혜, 지식, 관용의 마음이 있다.

끈 – 인간관계가 원만하며, 인맥이 풍부하다.

미국 펜실베이니아 대학에서 성공한 CEO들의 특징을 보았더니 학벌이 아니었다. 첫 번째로 중요한 건 매너(93%)였다.

"감사합니다, 어서 오세요, 먼저 드세요, 다 저 때문입니다."

내가 남을 못 웃기면 남이 웃길 때 웃어 주는 게 중요하다. 두 번째가 능력, 세 번째가 기회다. 가장 중요한 것은 남이 웃길 때 웃어 주는 매너를 갖추는 것이다. 이것이 곧 최고의 에너지가 된다.

"으하하하."

이번에는 손가락을 펴고 주먹을 꽉 쥐어 보자. 손가락이 몇 개인가? 다섯 개다. 그런데 다른 사람들은 네 개밖에 없다고 한다. 학력, 재력, 능력, 열정, 마지막은 행복인데 자신이 가지고 있지 않은 하나를 감추려 나머지 손가락들이 다 움직이기 때문이다.

"나는 키가 작아, 나는 집에 돈이 없어."

이렇게 말하면서 사람들은 나머지 것들이 남아 있는데도 평생 손가락을 숨기면서 산다. 우리는 그러지 말아야 한다. 손가락의 허물을 덮을 정도로 남은 장점을 키우면 되는 것이다.

우리가 정말로 건강하려면 이것만은 꼭 지켜야 한다.

첫 번째, 집착을 버려라. 두 번째, 비교하지 말라. 욕심이 병을 부른다. 특히 기독교에서는 야고보서 1장 15절에 이런 말이 있다.

"욕심이 잉태한즉 죄를 낳고 죄가 장성한즉 사망을 낳는다."

불교에서는 내가 없어도 있는 것같이 만족하는 상태를 소욕지족이라고 한다. 이런 마음을 가져야 우리가 행복해진다. 욕심을 버리고, 비교하지 말고 웃음으로 마음을 비울 필요가 있다. 가슴을 활짝 펴 보자.

"마음을 완전히 비워라. 내가 비운 만큼 나를 채울 수 있다."

불교유경이라는 책을 보면 이렇게 써 있다.

"만족할 줄 모르는 자는 비록 부유한 듯해도 가난하고 만족할 줄 아는 자는 비록 가난한 듯해도 부유하다."

맞는 말이다. 항상 마음의 여유를 가져야 한다.

우리가 잘 웃으려면 웃음을 생활화해야 한다. 나는 이것을 '하루 웃음'이라고 부른다. 아침엔 아침부터 태양을 끌어안고 하하하 웃고, 점심은 점점 크게 손뼉을 치면서 으하하하 웃고, 저녁은 저절로 "감사합니다"라며 "하하하" 웃어야 한다.

또 일주일 웃음이 있다. 월요일은 원래부터 웃고, 월급 타니 기분 좋아 웃고, 화요일은 화끈하게, 화통하게, 화가 나도 웃고, 수요일은 수수하게, 수줍게, 목요일은 목 터져라 목숨 걸고 웃고, 금요일은 금같이 웃고, 토요일은 토하도록 토실토실 웃고, 마지막 일요일은 일찍 일어나서 웃고, 일어나자마자 웃는 것이다.

또 1년을 웃음에 대입한 놀이도 있다. 1월은 일없이 웃고, 2월은 이유 없이 웃고, 3월은 삼삼하게 웃고, 4월은 사정없이 사근사근 웃고, 5월은 오지게 웃고, 오줌 싸게 웃고, 6월은 유쾌하게 웃고, 7월은 칠칠맞게 웃고, 8월은 뭘까? 팔팔하게 웃는 것이다. 9월은 구수하게, 10월은 시원하게. 11월과 12월은 시비를 가리지 않고 웃는 것이다.

여자들이 남자보다 7년 더 산다. 왜 그럴까? 여자들은 남이 울 때 울어 주고, 웃을 때 함께 웃는 마음을 가져서 그런 것이다. 그런데 잘 웃으려면 환경을 바꾸어 줘야 한다. 집에 가면 방마다 거울이 있는데 그 거울을 자주 봐야 한다. 항상 잘났다고 자화자찬하는 마음을 가져야 한다.

어떤 사장님이 김 과장, 박 과장을 불러 말했다.

"자네들 시장 조사 좀 다녀와."

그리고 한 달간 아프리카에서 시장조사를 했다. 한 달 후에 김 과장에게서 팩스가 날아왔다.

"사장님, 아프리카 사람들한테는 양말도, 속옷도, 신발도 안 팔립니다. 저 그냥 돌아갈래요."

그런데 박 과장은 이렇게 말했다.

"사장님, 아프리카 사람들은 아무도 옷을 입지 않고 있어요. 이곳에 신발 공장 짓고, 양말 공장 짓고, 속옷 공장도 지읍시다. 반드시 대박날 겁니다."

이런 게 긍정적인 사고다.

한 아버지와 아들이 사막을 여행했다. 10일간 한참 걸었는데 아들이 아버지에게 말했다.

"어휴, 아빠. 힘들어요. 그만 걸어요. 더워요. 왜 하필 이런 곳에 왔나요."

그런데 마지막 날 갑자기 앞에 큰 무덤이 두 개 보였다. 이때 아들이 아빠에게 말했다.

"아빠 보세요. 저 사람도 우리같이 여행하다가 굶어 죽었을 겁니다. 왜 여기에 온 겁니까."

그런데 아버지가 말했다.

"얘야. 드디어 왔다. 무덤이 있다는 말은 반드시 동네가 있고 오아시스가 있다는 말이다."

어떤가? 우리도 소년의 아버지처럼 긍정적인 마인드를 가져야 하지 않을까.

한 번은 싱가포르에 갔는데 그곳은 땅이 정말 작았다. 물도 흙도 100% 수입이었다. 그런데 그 옆에 있는 큰 나라들을 다 휘어잡은 곳이 싱가포르였다. 하와이도 가 보았는데 모래 하나 없는 화산섬에 모래를 수입해서 세계 최고의 휴양지를 만들어 1년에 1000만 명의 관광객을 끌어들이고 있었다. 그들의 끊이지 않는 웃음과 긍정적인 사고 때문이리라.

그리고 미국 라스베이거스에도 가 보았다. 정말 아름다운 곳이었다. 도박의 도시로 잘 알려져 있지만 지금은 지상 최고의 낙원이자 노후의 도시로 잘 알려져 있다. 황량한 사막에 미국 사람들이 후버댐을 막아 전기를 일으켜 라스베이거스를 만든 것이다.

우리가 긍정적인 마음을 가지면 사막에서 어떤 폭풍을 만나도 살아남는다. 긍정적인 태도의 중요성을 다시금 깨닫게 하는 말이다.

손가락 중 아무거나 세워 보자. 새끼손가락을 세운 이는 EQ, 감성지수가 제일 높다. 열정이 많고, 친절하고, 사랑이 많고, 기쁨이 많은 사람이다. 다음, 약지는 상상력 지수인 FQ다. 이제 세상은 남이 가지 않는 곳, 하지 않는 일을 해야 성공한다. 이들은 상상을 현실로 만드는 사람이다.

이번엔 중지, 이것은 소셜 지수인 SQ다. 밥값 잘 내고, 술값 잘 내고, 남들한테 잘해 주고, 한마디로 성격이 좋은 사람이다. S로 시작하는 단어 중 요즘 회자되는 것은 섬김(servant)의 리더십이다.

일본의 한 회사 여성 CEO 이야기다. 이 여성은 아침에 가장 먼저 출근을 한단다. 그리고 몰래 남자 화장실에 가서 무릎을 꿇고 남자 변기를 손으로 닦아 준다. 설거지하듯 정성을 들여 매일 열심히 닦다 보니 회사가 그날부터 잘 되더란다. 이렇게 진정한 리더십은 내가 다른 사람을 섬길 때 생기는 것이다.

이번엔 검지, 이것은 우스갯말로 잔머리 지수인 JQ다. 예전에 살인범 강호순을 잡은 안산시 상록경찰서에서 강의를 한 적이 있는데 경찰관들이 다 검지를 들었다. 그리고 대검찰청 검사들도 다 검지를 들었다. 지혜롭게 상황을 해결하는 능력을 뜻하는 것이다.

마지막으로 엄지, LQ다. 리더십을 의미한다. 이 사람들은 남을 잘 끌어당기는 지도자의 면모를 갖고 있다.

이렇게 다섯 가지 매력을 잘 조화시키면 매력적인 사람이 될 수 있다. 요즘엔 매력적인 사람이 성공한다. 그리고 매력의 첫 번째 조건은 잘 웃는 사람이다. 잘 웃는 사람이 EQ, FQ, SQ, JQ, LQ를 다 갖게 되는 것이다.

성공하고 싶다면 많이 웃어야 한다. 웃는 사람은 다른 사람들을 저절로 끌어들인다. 매력적인 사람이 세상을 잘 살아 나갈 수 있다. 이것이 바로 이기는 스타일이다.

05
리더 스타일
—
펀 리더

불을 당겨라

사람이 사람을 대하는 것만큼 쉬운 것 같으면서도 어려운 일이 없다. 인간관계의 성공과 실패를 가르는 잣대가 되기도 하지만, 사람에게는 무엇보다 가장 큰 스트레스 요인이 됨을 부인할 수 없을 것이다.

오늘도 우리는 밖에 나가 많은 사람들을 대해야 한다. 어쩌면 그 자체가 스트레스일지 모른다. 그러나 다음 기법들을 잘 익혀 둔다면 스트레스를 받지 않고도 사람들을 쉽게 대할 수 있을 것이다.

첫째, 풋 인 더 도어(Foot in the door) 법

즉, 시작이 절반이란 뜻이다. 성공하느냐 실패하느냐는 차후의 문제이고, 먼저 문 안에 발을 들여놓으라는 뜻이다. 비즈니스 차 방문한 회사에 찾아가 사장을 만나지도 못하고 되돌아 나오는 경우가 허다하다. 어떻게든 상대를 대면할 수 있도록 문 안으로 들어서라는 얘기다.

둘째, 도어 인 더 페이스(Door in the face) 법

자신이 꺼낼 부탁보다 큰 범주의 부탁을 먼저 건네는 방법을 말한다.

예를 들면 판매 물량을 의논하는 자리에서 대뜸 처음부터 "백 개 정도만 구입해 주시면…" 하고 말하면 "그렇게 갑작스럽게…" 라고 거절당할 수도 있다.

"이참에 견본 삼아 한 열 개 정도만 들여놓으시죠"라고 하면 상대는 흔쾌히 승낙할 것이다.

셋째, 로 볼(Low ball)법

'로 볼'이란 손에 닿을 정도로 낮은 볼을 던져준다는 뜻이다. 사람은 일단 고쳐먹은 마음을 원래대로 돌려세우기가 어렵다는 뜻인데, 바로 이런 심리를 이용한 테크닉이다. 즉, 상대가 감히 엄두도 못 내는 것을 달콤한 조건을 내밀어 의욕이 일어나게 한 다음,

그 조건을 본래의 조건으로 되돌리는 방법이다.

예를 들면 300만 원짜리 자동차를 구입하려는 사람이 있다고 치자. 500만 원짜리를 사고 싶지만 돈 때문에 낮은 가격의 자동차로 마음을 돌린 것이다. 그런데 판매원이 300만원으로 500만 원짜리 자동차를 살 수 있다고 말한다. 그러면 고객의 마음속에는 이미 500만 원짜리 자동차가 자리 잡는다. 바로 그때 판매원이 다시 말한다.

"그런데 아쉽게도 세일기간은 어제 끝났습니다."

이쯤 되면 대부분의 사람들은 이런 말을 듣고서도 '어떻게 안 될까'라는 미련을 갖게 마련이다. 그것은 곧 판매로 이어진다.

인간관계에서도 마찬가지다. 당신이 어떤 태도로 임하느냐에 따라 상대의 기분이 엄청나게 달라진다는 것은 경험으로 잘 알 수 있을 것이다. 당신이 상대에게 마지못해 응하면 상대도 당신의 그런 낌새를 알아차리고, 당신이 성심성의껏 대하면 상대도 그런 진심만을 헤아리게 되는 것이 인지상정이다.

쉬운 예로 지하철에서 발을 밟혔을 때, 상대가 "미안합니다. 아프시지요. 정말 죄송합니다"라고 나오면, 설령 아파도 "아니요, 괜찮아요"라고 말하게 된다. 아픈 발을 어루만지면서도 상대를 공격하고 싶은 마음이 가라앉는 것을 생각해 보라.

인간관계는 바로 이런 것이다. 사람과 사람 사이에 오고 가는 어떤 이야기라도 감정이 빠질 수는 없다. 단순한 사항의 전달, 업무상의 연락조차도 주고받는 행위를 수반할 때는 반드시 미묘한 심리적 변화가 따르게 마련이다.

오스트리아의 심리학자 프로이트는 이렇게 말했다.

"말은 인간의 감정에 불을 당긴다."

사람은 웬만해서는 상대에 대한 경계심을 풀지 않게 마련인데, 이것이 바로 무의식적인 저항이다. 본능적으로 자신에게 이득이 되는지, 해가 되는지를 판단하려 하기 때문에 '나는 당신에게 아무런 해도 끼치지 않는다. 당신에게 도움을 주는 사람이다'라는 인상을 심어주는 것이 중요하다.

"알겠습니다."

이렇게 말해 놓고도 영 행동으로 옮길 기미를 보이지 않는 사람이 있다. 직장에서나 가정에서 이런 상대를 다루기는 다소 어렵다.

"알겠다고 하지 않았어요?"

"네, 알고는 있습니다."

"알았으면 움직여야 하는 거 아닌가요?"

이쯤 되면 서로 눈인사조차 거북스러워진다. 성미 급한 직장의 상사라면 화가 나서 팔팔 뛸 수도 있다. 그러나 아무리 애가 타도 이런 상황은 설득과는 이미 거리가 뚝 떨어진 형국이다. 왜 그럴까?

그 이유는 바로 당신의 이야기가 일방적이었거나 강요에 가까웠기 때문이다. 이 경우, 설사 상대를 이해시켰을지라도 상대는 어쩐지 기분이 내키지 않아 일을 앞에 두고도 마냥 미적지근한 태도를 취하면서, '어디, 내가 하는지 두고 봐라!' 하는 심사로 실행을 미루게 되는 것이다.

이런 장면은 인간관계로서도 최악의 상태라고 할 수 있다. 겉으로 드러내지 않을 뿐, 안으로는 상대에 대한 적개심마저 품고 있는 형국이다. 이럴 때는 당신이 어떤 태도로 상대에게 말을 했는지 잘 생각해 보라. 당신이 어떤 태도로 상대에게 말을 했느냐에 따라 상대의 심리적인 반응도 달라진다는 사실을 기억해야 한다.

잘 노는 사람이 일도 잘한다

우리는 재미있거나 신기한 일이 있을 때, 함께 느끼고자 하는 바람 때문에 다른 이에게 빨리 알리고 싶어 하는 욕심이 생긴다. 때때로 그것은 살아있다는 증거가 되고 존재의 이유가 되기도 한다.

마음 깊은 곳에서 우러나온 기쁨과 만족이 얼굴 근육을 움직이고 그것이 다른 이에게 미소나 웃음으로 비춰지는 것은 한 인간으로서 나를 인식하고 또 다른 인간인 다른 이들로부터 진정한 마음속 메아리를 듣고 싶어 하는 것이다.

사람과 사람이 대화하는 일, 소통하는 사회를 이루어 간다는 일은 서로의 사고와 느낌을 교류해 간다는 것과 다르지 않다. 어쩌면 그것은 둘 혹은 여러 명이 한 가지 음식을 만들어 가는 과정에 비유할 수 있다.

재료를 준비하고 밑간을 하고 열을 가하고 음식이 탄생될 때까지 어느 것 하나 소홀하지 않아야 훌륭한 음식이 나올 수 있듯이 대화도 마찬가지이다.

서로의 이야기를 귀담아 들어주고 의견조율을 하는 것이 대화의 뛰어난 기술이 될 수 있다. 거기에 유머라는 양념이 가미된다면 그것은 금상첨화인 것이다. 아무리 그럴듯하게 데코레이션된 음식이라도 간이 맞지 않으면 무용지물인 것처럼 유머는 음식의 간이라고 생각하면 된다.

그래서 말하는 이와 듣는 이 사이에 친교를 쌓으려면 유머의 기술을 먼저 터득하라는 말도 있다. 물론 그럴 경우 상대를 가르치려 해서는 안 된다. 왜냐하면 그를 가르친다는 것은 우스개에 관한 한, 두 사람이 공유하는 바가 없다는 것을 의미하기 때문이다.

함께 웃는다는 것, 그것은 결국 우호적이라는 뜻이다. 우호적이라는 것은 신뢰가 쌓여간다는 증거이니, 같이 웃는다는 것은 곧 우호적인 것이요, 우호적인 것은 신뢰라는 하나의 공식이 성립되는 것이다.

신뢰는 인간관계에 있어서 가장 기본적인 근간이요, 일의 성립을 이루기 위한 튼실한 기초공사다. 유머 한마디가, 웃음 한 조각이 그런 어마어마한 신뢰라는 재산을 가져다주는데 이 어찌 마다

할 일인가.

펀(fun)하게 잘 노는 사람이 일도 잘하고 공부도 잘한다. 한 가지 일에도 미치며 몰입하는 사람이 어떠한 일을 하더라도 똑같이 몰입한다. 재능 있는 사람은 노력하는 사람 못 따라 가고, 노력하는 사람은 즐기는 사람 못 따라 가고, 즐기는 사람은 미친 사람 못 따라 간다.

정부수립 역사가 비슷한 우리 민족과 유대 민족을 비교해 볼 때 한국은 〈노벨상〉을 1명 받았는데, 유대인은 200명이나 받았다. 그 차이는 유대인은 어릴 때부터 부모가 자녀에게 유머, 조크, 웃음교육을 시킨다는 것에 있다. 박해받은 긴 역사 속에 유머를 통해 스스로 창조적인 극복을 터득한 것이다.

미국이나 유럽도 어릴 때부터 유머교육을 시킨다. 웃음은 고정관념이 깨질 때 나오는데, 그들은 프로이드와 아인슈타인을 최고의 코미디언으로 꼽는다. 위인들은 고정관념을 깨는 데서 과학과 심리학의 원리를 발견해 낸다고 보는 것이다. 이제 기업도 트렌드에 맞춰 유머, 웃음교육을 통해 창조적인 파괴를 해야 할 때다.

미국의 풋볼스타 하인즈 워드는 고백했다.

"미키마우스 같이 순진하게 웃으며 즐겁게 운동하다 보니 내가 MVP가 되었다."

우리는 흔히 주변에서 웃음으로 건강하고 행복한 사람들을 자주 보곤 한다.

2010년 최고의 경영자로 선정된 애플사의 스티브 잡스가 강조한 것이 있다.

"성공한 비결은 다르게 생각했을 뿐이다."

즉 남과 다르게 생각하여 창조적인 사고를 했다는 것, 고정관념을 깼다는 사실에 주목해야 한다. 창조적인 사고를 위해서는 기존의 상식을 깰 수 있는 용기가 필요하다.

게임 스타크래프트를 만들어 낸 빌 로퍼는 "창조는 미침이다"라고 했고, 혼다 창업자 소이치 회장은 "좋아하는 일에 미쳐라"라고 했다. 그렇다. 미침이 창조다. 자기가 하는 일에 즐겁게 몰입하는 사람들, 고정관념을 깨고, 자기 일에 철저히 미친 사람들이 성공하고야 만다.

그러나 우리 마음이 즐겁지 않으면 미칠 수 없다. 창조적 사고를 할 수 없을뿐더러 몸도 자유로울 수 없다는 것이다. 그런데 일, 공부, 운동 등 모든 일에 즐거움을 부여하면 열중할 수밖에 없다.

1929년 미국에 큰 경제공황이 닥쳤을 때,독일이 1,2차 세계대전으로 국민 4천 3백만 명 이상 사망하여 국가적 위기에 빠졌을 때도 먼저 했던 운동이 레크리에이션이다.

학교와 직장에서 재미있으면 집중이 잘되어 창조적인 사고를 할 수가 있고, 이것을 통해 성공과 행복한 자아실현을 할 수 있다.

성공한 사람들에겐 무언가 특별한 것이 있다. 바로 표정이 늘 웃는 인상이라는 점이다. 그들에게는 인간관계를 부드럽게 해 주는 유머감각이 있었으며, 어떠한 어려움도 유머감각으로 이겨 내는 불굴의 힘이 있었다.

나는 슈바이처 박사처럼 사는 것이 꿈이었다. 아프리카에는 못 가도 외롭고 힘들어하는 사람들에게 봉사하는 삶을 살고 싶다는 생각에서 사회복지사로 서울 송파구 거여동과 성남시 은행동 등의 빈민촌에서 9년간 일했다.

당시 이 지역은 공동 화장실과 공동 수도를 사용했다. 나는 생활비도 적은 사회복지사를 하면서 야학을 하여 대학 교수가 되었다. 5년간 교수를 했지만 마음속에 기쁨이 없어 더 보람 있는 웃음의 메신저가 되었다. 요즘 나는 너무나 행복하다. 내가 하고 싶은 일을 열심히 하고 있기 때문이다.

얼마 전 차를 바꾸면서 내가 과연 어느 정도 차로 이동하고 있는가 거리를 계산하다가 감동하며 눈물을 훔친 적이 있다. 매일 평균 300킬로미터를 이동하고 있다는 사실 때문이었다.

그런데 놀라운 것은 그런 강행군을 하면서도 내가 전혀 힘들어하지 않았다는 것이다. 세수할 때마다 코피가 터져 나오고, 아침, 점심도 못 먹고 다녀도 전혀 지치지 않았다. 그저 내가 강사라는 사실이 즐거웠다.

요즘 들어 호응을 받고 있는 대기업 면접 구조가 흥미롭다. 직원을 채용할 때 유머와 웃음이 넘치는 사람들을 선호한다는 것이다. 유머러스한 사람들이 갖고 있는 긍정적인 힘이 일의 능률을 높이고 타인과의 관계도 원활하게 유지한다는 것이다.

이 때문에 외국은 물론 한국의 많은 기업들이 면접 시 웃음테스트를 실시하고 있는 실정이다. 즉 유머가 개인의 능력이며 곧 경쟁력이 된 것이다.

우리나라에도 이러한 펀(fun) 바람이 불기 시작한 지 꽤 되었다. 그러나 아직도 웃음의 가치에 대해 잘 모르고 있는 사람들이 더 많은 것 같다. 개인뿐 아니라 각 기업에서도 펀리더, 펀경영으로 실적을 높이고 펀마케팅으로 고객을 사로잡는 등 지속적인 영향력을 키워가고 있다.

펀이란 유머, 장난, 놀이, 재미를 뜻하는 것으로 개인, 가정, 직장 등에서 웃음으로 행복지수를 높이고 가족들을 즐겁게 함으로 성공지수도 높이자는 취지가 있는 용어다.

한마디로 잘 노는 사람이 일도 공부도 잘하고 사회에 나가 실적도 좋다는 이야기다. 이에 펀리더십은 긍정적인 관계로 이끌어주는 소통의 기술자 역할을 한다고 볼 수 있다.

재능이 있다고 하여 노력하는 사람을 따라갈 리 만무하다. 노력하는 사람은 즐기는 사람을 따라갈 리 만무하고, 즐기는 사람은 미친 사람을 따라갈 수 없다. 결국 긍정적인 힘은 열정에 빠져들게 한다. 그래서 모든 사람들에게 주목받을 수 있는 것이다.

"유머러스한 사람이 잘 놀고 일도 잘한다. 요즘처럼 웃기는 이미지가 호평을 받는 때도 없었다. 그만큼 유머감각은 사회적인 메가트렌드가 된 것이다."

펀은 웃음과 즐거움이 넘치는 것을 말한다. 개인의 고정관념을 타파하고 주변사람과의 친화력을 높이는 데 중요한 역할을 한다. 이것은 사회성과 창의력 발달에 필수조건이 되고 가정에서는 가족 간의 대화를 이끌어내는 데 큰 역할을 한다. 즉 모든 인간관계를 일치단결하게 만드는 것이다.

웃음의 경제적 가치를 돈으로 환산할 수는 없지만 사회생활에서 일어날 수 있는 모든 불협화음을 1/3로 감소시킨다고 하니 정말 대단한 경제적 효과다.

아이들의 교재에도 펀이라는 말이 성행할 정도로 펀이라는 단어는 우리 사회 곳곳에 파고들고 있다. 심지어 영화나 드라마에까지 활용되고 있다. 재미있는 소재를 찾는 것이다.

그렇다면 우리는 자신을 웃음으로 포장할 필요가 있다. 그리고 웃음으로 나를 변화시켜야 한다. 그것만이 성공의 대열에 들어갈 수 있는 유일한 길이다. 최고의 화두는 웃음이라는 사실을 꼭 기억해야 한다.

자신을 웃기는 사람으로 만들자. 남을 웃길 수 있다는 것은 그만큼 자신감이 있다는 얘기다. 타인을 포용할 여유가 있다는 말이다. 그렇다면 우리는 적극적인 사고방식으로 긍정적인 나로 화장해야 한다.

최고의 벤치마킹은 웃음이다. 시대에 발맞춰 웃음을 벤치마킹하라. 주변을 서성이지 말고 사회 중심에서 경영을 시작해야 할 때다.

• 펀리더 10계명

1. 긍정적으로 일하라.
2. 열정적으로 일하라.
3. 독보적인 존재가 되라.
4. 팀워크를 중시하라.
5. 고정관념을 깨라.
6. 실수는 바로 인정하라.
7. 어려운 일은 내가 하라.
8. 자신 있는 일은 바로 하라.
9. 상대의 입장에서 행동하라.
10. 유머를 사용하며 크게 웃어라.

자신의 가치를 높여라

내가 26년 전 한국에서 최초로 웃음치료를 만든 계기는 돈 안 들이고 장소나 대상, 도구 등의 물리적인 제한을 받지 않고 실천할 수 있는 방법, 즉, 남녀노소 누구나 좋아하고, 병도 치료되는 방법이 없을까 해서였다.

지금 대한민국은 웃음, 웃음치료, 펀리더십, 펀경영 열풍에 빠져 있다. 그야말로 웃음과 펀(fun)이 경영과 리더십에서 메가트렌드가 된 것이다.

웃음은 물리적인 조건과 관계없이 그 파급효과가 가장 큰 것이다. 그러므로 웃음을 통해서 직원끼리 하나 되는 것은 물론이고,

고객을 사로잡는 것은 무엇보다도 따뜻한 마음과 웃는 얼굴이기 때문이다.

결국 웃음은 경영진과 직원, 고객을 하나로 묶어 주는 가장 효율적인 도구가 되는 셈이다. 하지만 직장에서 즐겁게 일을 하기 위해서는 몇 가지 선행되어야 할 조건들이 있다.

우선 그 조직 내의 모든 구성원이 즐거워야 한다. 다시 말해 오너가 즐거워야 하고, 종사자가 즐거워야 하며 서비스업계일 경우, 고객까지 즐거워야 한다. 이렇게 해서 얻어지는 부가가치란 실로 엄청난 것이어서 생산성은 물론이고 경영효과까지 극대화된다. 이 모든 것을 꾀하는 일이 바로 펀경영이다.

감성의 극대화를 통해 업무의 극대화까지 동시에 이루는 일, 그것은 경제적이고도 합리적인 경영방법일 뿐만 아니라 각 개인에게는 건강과 행복을, 기업 차원에서는 엄청난 부가가치를 창출하는 일석이조의 방법이 되는 것이다.

요즘 일반 회사는 물론 공공기관들은 일주일에 하루 자율복장을 하고 출근하는 제도를 도입한 곳이 의외로 많아졌는데, 이것은 얼마 전까지만 해도 상상할 수 없는 일이었다. 그동안 회사원들이라고 하면 으레 '넥타이 부대'라는 별칭까지 붙여졌지만, 이제는 복장에도 편하고 즐거운 펀이 도입되고 있는 추세다.

회사원들은 자율복장을 하고 출근을 하게 된 이후부터 경직되어 있던 회사 분위기가 훨씬 부드러워졌다고 느끼며. 직원들 간의 관계나 커뮤니케이션이 전보다 더 자연스러워졌음은 두말할 필요도 없다.

두산그룹은 '칭찬합시다'라는 행사를 마련하여 사원 중에 매달 3명을 골라 칭찬 내용을 사보에 싣는다. LG전자나 삼성전자도 이와 비슷한 제도를 도입했다고 한다. 이 제도를 도입한 처음엔 어색하기도 하고 칭찬 내용도 업무와 관련된 것들뿐이거나 동료에 대한 칭찬이 대부분이었지만 시간이 지나면서 조금씩 달라졌다고 한다.

물론 사내 분위기도 달라졌다. 우선 제일 먼저 눈에 띈 것은 구조 조정이다 임금 삭감이다 해서 움츠러들었던 어깨가 펴지고, 서로의 눈치를 보느라 긴장과 갈등이 감돌던 직원들 사이에 웃음이 번지기 시작한 것이었다.

회사에서뿐만 아니라 퇴근해서 갖는 회식 자리에서도 비난이나 욕설이 난무했었는데 '칭찬합시다' 운동을 하고 난 이후, 그런 일들이 현저하게 줄었다고 한다. 그 대신 서로의 장점을 찾으려고 노력하거나 숨겨진 미덕을 찾으려고 한다는 점이 회사에 긍정적인 결과를 안겨준 것이다.

그렇게 사람들 마음이 너그러워지고 표정이 밝아지면서 무엇보다 웃음이 많아졌다. 이런 제도의 결과는 마침내 개인적으로는 자신감과 창의력이 향상되었으며, 회사 차원에서는 생산성과 경제력이 향상되는 일석다조의 효과를 낳았다는 것이다.

특히 직원들은 어떻게 해도 사라지지 않던 조직 내 갈등이 눈에 띄게 줄어들었다는 것을 강조했다. 누군가를 칭찬하고 누군가에게 칭찬받는다는 일은 얼마나 경이롭고 놀라운 효과를 불러오는지 그것은 상상 그 이상의 것임이 틀림없다.

펀경영이 가장 부각되는 곳은 아마도 서비스업이 아닐까 싶다. 웃음을 잃지 않고 고객을 대해야 하는 어려움 때문인데 이런 감정노동은 특히 그 어떤 노동보다 힘든 노동이 아닐 수 없다. 사람의 감정은 기계적인 것이 아니기 때문에 억누르는 힘도 그만큼 고도의 자제력을 요구한다.

그래서 많은 기업들이 최근에는 이런 감정노동의 어려움을 타파하여 어떻게 하면 즐거운 마음으로 일할 수 있을까를 연구하고 있다. 실제로 E놀이공원의 경우, 딱딱한 아침 조회 시간을 춤추며 하는 조회로 바꾸었더니 고객들에 대한 도우미들의 서비스 정도가 훨씬 좋아졌다고 한다. 이렇듯 서비스 업계에서의 펀경영은 더없이 강조되어야 할 항목이다.

하지만 펀마케팅을 한다고 해서 모두가 성공하는 것은 아니다. 펀마케팅이 성공하기 위해서는 우선 기업들이 갖추어야 될 요건이 있다.

첫째, 감사하는 마음이다.

고객에게도 감사, 경영진에게도 감사, 내부 고객인 직원들까지도 감사하는 마음이 필요하다. 서로 간의 인격적인 일체감이 필요하다. 이런 감정은 글과 말로 이루어지는 것이 아니다.

존경받는 기업이 되려면 고객과 구성원들에 대한 감사하는 마음을 잃지 않아야 한다. 그리고 감사하는 마음의 표현을 봉사활동으로 극대화해야 한다. 즉 공익활동을 중요시해야 한다는 것이다. 잘되는 기업일수록 공익활동을 많이 하고 있다.

둘째, 상품보다는 마음이 열려야 한다.

마음이 열린 기업은 펀경영을 빨리 확산시킬 능력이 있으며, 유행에도 민감하고 새로운 트렌드도 독창적으로 만들어 낼 수 있다.

셋째, 재미가 있어야 한다.

재미를 통해 구매욕이 일어날 수 있도록 해야 한다. 우리가 할 수 있는 예로 상품에 웃는 그림이나 웃는 소리를 넣는다든가, 매장 입구에 '웃음라인'이나 '웃음존'을 설치하여 가장 길게, 크게, 멋지게 웃는 고객에게 선물을 주는 등의 이벤트도 해 볼 만하다.

이렇듯 웃음은 물리적인 조건과 관계없이 최고의 마케팅 기법이다. 이런 펀마케팅 대신 목표한 효과를 얻기 위해 일반적인 마케팅을 통해 소요될 기회비용을 생각해 보면 펀마케팅의 경제적 가치는 충분히 증명되는 셈이다.

기발한 디자인 네이밍하라

일상 생활용품도 기발한 아이디어 제품들이 인기를 끌고 있다. 네티즌들 사이에서 화제가 됐던 '펀 알람시계'가 대표적인 예이다.

정해진 시간이 되면 퍼즐을 풀어야만 알람이 멈추는 '퍼즐 알람시계', 특정 시간이 되면 사방팔방으로 마구 돌아다니는 바퀴 달린 알람시계는 일상생활 속에 인기 있는 펀 제품들이다.

네비게이션 장치도 펀 기능이 필수 요소로 자리 잡았다. 네비게이션 회사인 파인디지털은 '러브러브 데이트 코스', '이색 여행', '전국 각지 축제행사 정보' 등을 내장한 이후 판매량이 두 배나 늘었다고 한다.

이런 펀마케팅은 제품의 네이밍 전략에도 펀을 부여한다. 향수업체인 에스쁘아는 펀을 아예 제품 네이밍에 삽입한 'fun by eSpoir'를 선보였고, 'Have fun! Life is a Play'라는 광고문구로 주목받았다.

화장품업체 시스켈리는 'What a New! Tintdation', 'When I dream! Pawder Pact' 등의 이색 네이밍 제품을 선보였다. 심지어 남성용 입술보호제 '그녀와 으슥한 곳으로 가다립밤', 여성용 주름개선 제품 '어려 보이겠다는 약속 링클 크림' 등의 엽기발랄한 네이밍의 제품들도 등장했다.

이처럼 펀(FUN)발상은 우리 생활에 이미 깊숙이 들어와 있으며, 각 기업에서도 필수적인 마케팅 전략으로 손꼽힌다.

웃기는 점포명은 흥행 보증수표

점포명도 비슷한 업종 가운데서 살아남으려면 톡톡 튀는 아이디어로 승부해 강한 인상을 심어 주어야 한다. 배꼽이 빠지게 웃긴 이름이나 엽기적인 이름은 온라인을 통해 퍼져 나가기 때문에 매출이 동종 업종과 비교해 많게는 30%까지 차이가 나기 때문이다.

네티즌 사이에서 화제를 모았던 '스타닭스'는 이름에서 풍기는 이미지 그대로 커피 브랜드 '스타벅스'를 패러디한 치킨집 이름이다. 이 집은 한 네티즌이 인터넷에 올린 사진이 돌고 돌아 유명세를 타게 됐다. 덕분에 오픈 3개월 만에 일산 정발산동의 명물로 떠올랐다.

전국에 11개 지점을 둔 라면 체인점 '그놈이라면'의 경우는 칵테일 바 '더 플레이'의 바텐더들이 의기투합해서 만든 가게로 유명하다. '그놈들이 끓이는 라면이라면 먹을 만하다'는 농담이 유행했을 정도로 대성공을 거두었다. 톡톡 튀고 재미있는 간판 하나가 얼어붙은 소비심리를 한꺼번에 날려 준 성공 사례다.

매장에도 펀 도입

미인들의 놀이터. 이것은 한 화장품 브랜드숍의 광고 문구다. 이제 제품을 판매하는 매장도 '펀'을 내세워야만 주목을 받는다.

LG텔레콤은 이동통신 대리점을 엔터테인먼트 체험공간으로 꾸민 '폰앤펀(Phone&fun)' 매장으로 모바일 펀 마케팅에 신선한 바람을 몰고 왔다. 폰앤펀 매장은 소비자들이 휴대폰, 음악, DMB, 금융, 게임 등을 한꺼번에 즐길 수 있도록 매장에 펀을 가미한 것이다. LG텔레콤은 펀마케팅으로 누적 순이익이 작년 대비 일곱 배를 넘는 대성공을 거두었다.

화장품 매장의 경우도 펀마케팅이 대세다. 브랜드숍이 인기를 모으면서 매장간 차별화 전략으로 펀을 내세우고 있는 것이다. 최근 큰 인기를 끌고 있는 매장인 에뛰드 하우스는 예쁜 '인형의 집' 컨셉으로 여성들의 소녀시절의 달콤한 상상을 마음껏 충족시킬 수 있는 펀을 부여하였고, 베드룸, 베스룸, 드레싱룸, 라커룸, 키친 등 매장 전체를 실제 집과 같은 분위기로 연출했다.

대한민국을 휩쓴 펀 열풍

펀의 이미지와는 전혀 어울릴 것 같지 않은 공공기관에서까지 펀바람이 불고 있다. 예컨대 안성시청에서는 점심시간과 퇴근시간을 이용해 공무원들이 족구시합을 하는데, 이를 통해 그동안 딱딱했던 직장 분위기가 훨씬 부드러워졌다고 한다.

이렇게 공공기관들의 펀경영은 기업들의 펀경영을 벤치마킹한 것으로, 유쾌한 분위기 속에서 행정서비스를 제공하겠다는 취지다. 앞으로도 이런 펀경영 분위기는 더욱 확산되어 다양한 프로그램들이 개발될 전망이다.

정계에서도 요즘 심상치 않은 바람이 불고 있다. 아직은 미비한 수준의 약한 바람이지만 어찌되었건 펀바람이 불고 있다. 중앙인사위원회 권모 사무관은 정부혁신 관련 워크숍에서 배운 마술을 동료나 친구에게 선보이기 위해서 마술을 배우고 있다고 한다. 그는 "마술을 보고 배우면서 예전과는 다른 시각으로 정부혁신을 바라보게 됐으며, 논리적 사고와 팀워크, 문제해결 능력 등의 중요성을 새삼 깨닫게 됐다"고 말했다.

이처럼 펀은 개인에게는 부드럽고 유연한 사고를 일깨워 주며, 나아가 팀이나 조직 전체의 능률을 향상시키는 역할을 하는 것이다.

공무원 교육에도 펀바람이 불고 있다. 다양한 음악이나 춤, 마술, 카드게임, 연극 등을 통한 교육프로그램이 지방자치단체를 중심으로 이루어지고 있다. 또 공무원들을 위한 해외연수, 국토순례 등을 통해 팀워크나 리더십의 향상을 도모하고 있다.

특히 펀행정의 모범이 되는 곳은 동래구청의 '찾아가는 민원서비스'와 해운대구청의 '펀행정'이다. 각 지방자치단체에서는 펀행정을 위한 아이디어 발굴을 하는가 하면 직원 호프 데이를 만들고 매주 한차례씩 가족과 함께 시간을 보내는 '가족 데이'를 운영하는 구청도 있다. 이러한 움직임은 기업들의 성과를 보고 도입한 것으로 행정전략에 많은 도움이 된다고 한다.

이기는 스타일 키워드를 익혀라

성공하고 이겨야 웃는 게 아니다. 웃어서 이기는 것이다. 바로 지금이 그러한 시대다. 시대를 이끌고 진정한 승리를 얻기 위해서는 이기는 스타일의 키워드를 익혀야 한다. 이기는 스타일의 키워드는 세 가지로 나눌 수 있다.

첫째, 웃기는 자

이긴 자가 웃는 것이 아니라 웃어서 이긴 자가 되는 것이다. 많은 사람들의 욕구를 보면 대부분 성공, 출세, 행복, 건강 등으로 나뉜다. 그러나 이들은 진정 이기는 스타일의 키워드가 아니다. 물질적으로 성공하기 위한 발판이 필요한 것뿐이다.

우리는 궁극적으로 승리자가 되기 위해 필요한 것을 생각해 보아야 한다. 그것은 바로 요즘의 트렌드인 재미와 유머다. 재미없는 인재와 상품은 단명하기 쉽다. 음악도, 상품도, 드라마도, 영화도, 상품으로 치부되는 것들은 재미와 흥미를 끌어내야 정상에 설 수 있다는 말이다. 한마디로 웃겨야 사는 세상이다. 웃겨야 인정받는 세상이다.

둘째, 싱싱한 자

자신의 생각을 100% 싱싱한 상태로 유지하는 것이다. 즉 트렌드를 이끌어 갈 수 있는 긍정적이고 창의적인 사고를 가진 사람이 되어야 한다는 말이다.

창의적인 사고는 스스로를 늘 점검하고 자신의 아이디어가 시대에 앞서 있는가를 가늠하는 것에서 시작된다. 이때 우리는 꿈을 꾸게 된다. 앞서 말한 것과 같이 상상의 날개를 한껏 펼쳐 보여야 하는데 그것이 상상에 그쳐서는 안 된다. 실현 가능한 성공 가능한 상품으로 시장에 출시해야 한다.

출시된 아이디어의 가치를 평가하는 것은 소비자의 몫이지만 이는 콘텐츠를 개발하는 자신의 신선도를 가늠하는 잣대가 될 것이다. 때문에 우리는 늘 자신이 가진 생각의 신선함을 체크해 볼 필요가 있다.

셋째, 꿈에 완주하는 자

꿈은 꿈으로 두어서는 안 된다. 꿈은 이상이 아니다. 현실이다. 때문에 어깨너머 불구경하듯 현실과 별개로 두어서는 안 된다. 행동해야 한다. 꿈속으로 들어가 현실이 되도록 행동해야 하는 것이다. 재미가 묻어나는 일, 흥미가 묻어나는 일이 춤추듯 버무려지도록 열심히 내달려야 한다.

재능은 노력을 따라가지 못한다. 노력은 즐기는 자를 따라가지 못한다. 즐기는 자는 결국 웃음을 주는 자가 된다. 즉 자신감을 가지라는 말이다. 용수철처럼 튀어오를 수 있는 힘이 내 안에 잔재해 있음을 늘 인식해야 한다.

꿈에 다다르기 위해서는 일단 꿈꾸는 현장으로 뛰어들어야 한다. 그곳이 불구덩이라도 뛰어 들어가 자신이 할 수 있는 일을 찾아야 한다.

'이게 과연 나에게 맞는 일일까? 아닌 것 같은데?'

누구나 이런 생각을 한다. 이것은 자신의 잘못이 아니다. 사람들은 모두 자신의 꿈이라고 말하며 시작한 일을 10년 이상 지속할 경우 싫증을 느낀다. 그렇다고 그것이 꿈이 아닌 것은 아니다.

다만 우리가 지치지 않고 꿈에 완주할 수 있는 길은 자신을 끝없이 채찍질해 차별화된 자신으로 만드는 것이다. 그렇다면 이미 당신은 꿈을 이룬 것이나 마찬가지다. 만약 그 꿈이 현실이 되었다면 어떻게 남은 인생을 완주할 것인가를 고민해 봐야 한다.

당신의 웃음으로 승부하라

살면서 정말 성공하고 싶은가? 그러려면 열심히 노력해야 한다. 지금 생각해 보면 옛날에 나는 웃지 못하는 문제아였다. 친구들은 모두 학교에 들어갔는데 나는 고등학교도 못 가서 재수를 해야 했다. 서울에서는 나를 받아주는 학교가 없었다. 그래서 김포농고에 지원했다. 이후 합격은 했지만 30명 미달이 되어 입학하게 되었다는 사실을 알고 크게 실망해야만 했다.

그러던 어느 날 학교에서 연락이 왔다. 제적되었다는 내용이었다. 문제아였던 나는 고등학교에 들어가서도 싸움하고 놀러 다니기에 급급했기 때문이었다. 제적이라는 말을 듣고 당시 부모님이 많이 우셨다. 그때 나이가 열여덟 살이었다.

20년 후 나는 대학 교수가 되었다. 정말 신기한 일이라고 생각하는 사람들이 참 많았다. 그 이유를 곰곰 생각해 보았다. 아버지의 유머 때문이라는 생각이 들었다.

팔순을 넘기신 아버지는 지금도 나에게 장문의 메일을 보내신다. 연세가 많으신 분의 메일에서도 웃음은 떠나지 않는다.

"광일아, 난 네가 제일 좋아. 너는 할 수 있어. 너는 잘해 왔으니까. 너는 정말 잘 될 거야. 그런데 광일아. 내가 다음 주에 두바이에 여행을 가는데 820만 원이 필요하다."

지금도 계속되는 아버지의 이런 유머 때문에 어린 시절 마음을 잡을 수 있었던 것 같다. 그리고 연세대학교에서 석사를 마치고 나는 마흔여섯 살에 서울대 박사 수료를 했다.

나는 대한민국 교육이 갖는 You can, 자본만능주의, 성공만능주의가 진부하게 느껴졌다. 그것들에는 과정도 없고, 어떤 사상도 없고, 행복도 없고, 문화도 없어 보였다. 오로지 성공만 있는 교육이라는 생각이 들었다.

그래서 마흔 두 살에 대학 교수를 그만두고 요즘 뜨고 있는 웃음치료사 자격증을 처음 만들었다. 지금은 3만 명이라는 많은 인원의 웃음치료사를 배출했지만 처음부터 쉬웠던 일은 아니다.

당시 나는 화요일이면 서울역 광장, 숭례문 광장, 남산 광장에 올라 마흔두 살의 모든 것을 벗어던지고 외쳤다.

"국민 여러분 웃으면서 삽시다."

얼마나 창피했는지 지금 생각해도 눈물이 날 지경이다. 그래도 나를 비우고 열심히 노력했기에 지금의 스타강사라는 내가 존재한 것이 아닐까. 250만 원이라는 꽤 많은 대학 교수 월급을 박차고 나와 웃으며 살자고 외쳤더니 오히려 사람들은 긍정적인 눈으로 나를 바라 봤다. 이후 일약 스타덤에 오르며 나의 강연료는 한 달에 1억을 넘어섰다. 망가질 만했다.

남이 울 때 함께 울어 주고, 남이 웃을 때 웃어 줄 수 있는 것이 진정한 성공이요, 웃음치료다. 사랑은 아낌없이 퍼 주는 것이고, 기쁨은 똑같이 나누는 것이며, 대한민국이 어려워도 우리가 함께 재건하는 것이 행복이다.

내가 건강하려면 웃는 수밖에 없다.

"Now Here."

지금 이 순간을 피하지 말고, 매 순간순간 나를 낮추고, 소욕지족의 삶을 살아야 한다. 또한 비교와 집착을 버리고 살다보면 건강하고, 행복하고, 성공하는 것이다.

앞서 말했듯이 거여동 빈민촌과 은행동 빈민촌에서 사회복지사로 9년간 일한 적이 있다. 화장실도 없고, 수돗물도 끊긴 동네였다. 그곳에서 나는 〈사랑의 빵 나누기〉 운동을 했다. 사랑의 빵은 저금통이었는데 후원금을 모아 그곳 주민들이 생활하는 집의 지붕을 올려 주기도 하고, 수도를 놓아 주기도 했다. 또한 무료진료도 해 주고, 교육도 실시했다.

당시 서울역에 가면 전철역 부근에 시각장애인들이 많았다. 거의 빈민촌에 사는 사람들이었다. 가족 모두가 맹인들이다 보니 영양 부족 상태였다. 정말 비참한 상황이었다.

나는 여름 방학 때면 〈사랑의 빵 나누기〉 운동을 해서 '시각장애인 가족 자녀여름캠프'를 기획했다. 그리고 모아진 후원금으로 시각장애인들의 영양을 보충해 주기 위해 하루 세 끼를 고기만 먹였다. 캠프에서 만난 아이들은 모두 천사였다. 따뜻한 마음이 느껴졌던지 아이들은 밤늦도록 집에 돌아가려 하지 않았다.

아이들은 나에게 고마움을 표시했다.

"선생님 죽어도 이 캠프를 잊지 못할 거예요. 이 은혜는 꼭 갚겠습니다."

순간 가슴이 정말 뜨거워졌다. 내가 나누어 준 사랑을 잊지 않고 그 아이들은 다음 세대에게도 사랑으로 보답하리라 생각하니 뭉클해졌다.

또 다른 녀석도 내게 말했다.

"선생님 있잖아요. 이번 캠프 때, 가장 기뻤던 것은요. 선생님 덕분에 돼지 갈비 처음 먹어 본 거예요."

거짓말은 아닐 거라고 생각했지만 나는 다시 물었다.

"정말이니?"

아이는 정말 처음 먹어 본다고 말했다. 무척 슬퍼 눈물을 많이 흘렸다. 그리고 나는 마음을 고쳐먹었다. 아이들을 보며 깨달은 것이 많았다. 가난하고 고된 삶을 이어가는 많은 사람들에게 해 줄 수 있는 무엇일까 고민하게 되었다.

그리고 성남에서 연세대학교까지 두 시간 거리를 매일 오가며 나는 목숨을 걸고 공부했다. 주간에는 사회복지사, 야간에는 대학원생으로 주경야독했다. 지각하지 않으려고 저녁은 늘 거르며 학교로 향했다. 그리고 수업 시간에는 맨 앞자리를 한 번도 놓치지 않았다. 이후 졸업식에서 전과목 전학기 올A로 〈성적우수상〉을 받게 되었다.

당시 좀 더 많은 사람들에게 사랑을 나누어 줄 수 있는 '나'로 거듭나고 싶었던 마음이 컸다. 아주 작은 일에도 감사하는 마음에서 시작된 따뜻한 사랑 말이다. 그것은 빈민촌에서 깨달은 지혜였다.

어려울수록 위기는 기회다. 달라이 라마가 말했다.

"성공은 보람이지만 실패는 교훈이다."

지금 나의 실패, 고통, 외로움, 고독, 모든 것들이 나에게는 큰 힘이다. 그것은 나중에 힘차게 뛸 수 있는 말굽으로 바뀔 것이다. 왜 그럴까? 웃음 때문이다. 결국 웃는 사람은 건강하고 행복해진다. 웃음을 믿는가? 웃음을 믿는 사람은 성공할 수 있다.

웃어서 이길 때까지

비워야 한다

우리의 욕심과 부정으로 가득한 몸과 마음의 독소를 비워야 한다. 유명한 시인과 소설가들이 하는 말이 있다. 도시에서 글을 써 보니 시상이 안 떠올라 시골 풍경이 넘치는 자연 속으로 안착하니 시상이 자연스럽게 떠올랐다는 것이다. 비우면 채워지는 철학을 알면서도 실천하기 힘든 우리의 나태함을 반성해야 한다.

즐겨야 한다

최고의 부자로 선정된 〈버크셔 헤서웨이〉 사의 워런 버핏은 빌 게이츠가 설립한 〈빌 앤 멜린다 재단〉에 전 재산의 85%인 38조를 기부했다. 그는 자신이 피땀 흘려 번 돈을 자신의 재단도 아닌 다른 재단에 기부했으며, 54년째 같은 집에서 살면서 오래된 중고 자가용을 기사도 쓰지 않고 직접 운전하며 열정적으로 일하고 있다.

그는 천문학적인 수익을 내는 회사의 CEO이지만 29년 이상 연봉 10만 달러만 고집하고 있으며, 매일 탭댄스를 즐긴다. 간혹 성공한 부자들 가운데 결코 행복해 보이지 않는 경우가 있는데, 워런 버핏은 행복하게 성공한 매력적인 인물로 꼽히기에 손색이 없다. 진정 삶을 즐길 줄 아는 인물이 아닐까.

다르게 미쳐야 한다

최고의 경영자로 선정된 〈애플〉 사의 스티브 잡스는 성공의 비결은 "다르게 생각했다"고 말했다. 즉 남과 다르게 창조적인 사고를 했다는 것, 즉 고정관념을 깼다는 사실에 주목해야 한다. 창조적인 사고를 하기 위해서는 기존의 틀과 사고를 깰 수 있는 용기가 필요하다. 스트레스도 고정관념이기에 이것을 깨는 자신감이 필요하다.

스타크래프트를 창안한 빌 로퍼는 “창조는 미침이다”라고 했는데, 자기가 하는 일에 즐겁게 몰입하는 사람들, 철저히 미친 사람들은 스트레스에 빠질 시간도 없고, 설령 스트레스를 받는다 해도 잘 극복하고야 만다.

즐겁게 일에 몰입하면 스트레스를 잊고 산다. 워런 버핏은 “열정에 따르라”고 했다. 즉 열심히 정성을 다해 자기가 하는 일에 미치고 몰입하라는 것이다. 대부분의 스트레스는 마음에서 비롯된다. 남보다 앞서야 하고 인정받아야 한다는 욕심이 최대 원인이다.

꿈은 이루어진다

나의 아버지는 독실한 기독교 신자이셨다. 중학교 졸업 후 방황하던 나에게 교회에 나가라고 권하시며 용돈과 다양한 특혜를 주셨다. 그래서 억지로 교회에 나가게 되었다.

보통 교회를 처음 나가면 중고등부 예배 후 친교시간에 자기소개를 한다. 각자 거창하게 “어느 학교 누굽니다”로 시작해 취미는 뭐고, 특기는 뭐고, 하면서 자신을 소개했다. 나 또한 피할 수 없는 자리였다. 지금도 그렇지만 예전에도 교회에는 여학생들이 많았다.

‘나는 뭐라고 소개하지.’

이미 내 얼굴은 시커멓게 타 버렸고, 심장은 잠깐 동안 멈춰 있었다. 내세울 만한 것이 없어서였다. 그래서 솔직히 나를 소개했다.

"저는 재수생 한광일입니다."

감수성이 예민한 시절이었다. 35년 전 일이지만 지금도 생생하다.

아버지의 권유로 다시 다니게 된 교회 청년부에서도 자기소개 시간을 가져야 했다. 당시 가장 학벌이 좋은 사람은 연세대 대학원생이었다. 그 사람의 양복, 시계, 말솜씨, 인상, 모든 게 나에게는 최고로 비춰졌다. 너무나 부러웠다.

나는 다시 얼굴이 시퍼렇게 굳어 버렸다. 속으로 많은 생각을 했다.

'4년 전 악몽이 또 왔구나. 가는 날이 장날인가? 나는 운도 없는 사람인가 보다.'

기억 속에서 지워졌다고 생각했는데, 27년 만에 나는 강연자로 그 교회에 서게 되었다. 수십 년 동안 나를 괴롭혀 왔던 스트레스도 아름다운 추억으로 남게 되었고, 이제는 강연의 소재로도 사용할 수 있게 되었다. 역경이 나의 작은 성공의 씨앗이 된 것이다.

학창시절 멋진 그룹사운드를 만들어 음악가가 되자고 했다. 방학 때면 친구들과 놀지 말고 학원에서 각자 보컬, 드럼, 키보드, 기타 등을 배워서 다시 만나자며 굳게 약속하고 헤어졌다.

두 달 후 친구들이 다시 모였다. 그간의 안부를 물으며 서로의 실력을 확인한 결과 나만 순진하게 기타를 마스터하고 왔다. 당시 나에게 기타를 가르쳐준 선생님은 검지가 없는 선생님이셨는데 기타를 정말 잘 쳤다.

이후 나는 기타로 인해 레크리에이션 강사가 되었고, 레크리에이션 진행 실력 때문에 가장 좋은 직장에 취직되었다. 그리고 지금은 웃음치료사 창시자까지 되어 모임 때마다 기타를 멋지게 치는 종합 예술인이 되었다.

작은 약속에도 최선을 다해 지키려 노력하면 얻는 것이 분명히 있다는 것을 깨닫게 된다. 우리는 성공과 실패라는 양면의 손을 늘 가지고 다닌다. 손의 위쪽은 실패, 불행, 고통, 슬픔이라고 쓰여 있으며, 반대쪽에는 성공, 행복, 건강, 기쁨이라고 쓰여 있다. 그런데 우리는 평생 동안 손의 위쪽만을 주로 보고 산다. 즉, 부정적인 면만 바라보고 있다는 것이다.

일생을 살아가다 보면 고통이 크면 클수록 기쁨이 더욱 크다는 경험을 하는 경우가 많은데, 이런 간단한 진리마저 경험 없이는 깨닫기 어렵다. 간단하게 손바닥만 뒤집어 보면 그곳에 행복과 웃음, 기쁨이 있는데도 말이다.

달라이 라마는 말했다.

"성공은 보람이지만, 실패는 교훈이다."

우리가 바라보는 관점에 따라 운명도 얼마든지 바꿀 수 있는 법이다. 긍정적인 생각은 자신뿐 아니라 다른 사람도 사랑하게 만든다.

바보가 되어라

재미있는 이야기가 있다.

2500년 전 공자에게 제자들이 물었다.

"스승님 행복하려면 어떻게 해야 합니까?"

공자가 말했다.

"너희들이 행복하고 싶은 만큼만 바보가 되어라."

공자도 스승이 있다고 하는데 그 스승의 이름은 "웃자"이다.

이번엔 스티브 잡스가 죽어서 공자를 만났다.

"공자님 저 잡습니다."

"뭐고? '잡수', 하하하하 이름이 참 재미있구나. 전생에서 뭘하다 왔는고?"

"저는 스마트폰 팔다 왔죠."

"그래 돈 많이 벌었느냐?"

"네, 몇 백 조 벌었죠."

"그럼 그 돈은 어디 있느냐?"

"다 놔두고 왔어요. 저는 벌어 놓고 쓰지도 못했어요."

"하하하하, 이런 바보 같은 놈, 그래도 잘했다."

이때 공자가 잡스에게 물었다.

"잡스야, 행복이 뭔지 아느냐?"

"하하하, 행복이요. 제 전공인데요. 제가 2005년에 미국 스텐포드 대학교 졸업식 때 한 연설이 있지요."

"학생들이여, 오늘 졸업식을 진심으로 축하한다. 너희들이 성공하고 행복하려면 '스테이 헝그리 스테이 푸울리쉬' 이 말을 꼭 기억해 주길 바란다. 초심을 잃지 말고 배고픔으로 우직하게 전진하라!"

바보 같은 웃음 이야기라고 생각되는가. 아니다. 김수환 추기경도 "나는 바보다"라는 말을 남겼고, 반기문 총장도 "바보같이 공부하고 천재같이 꿈 꾸라"고 말했다. 그리고 가수 싸이가 성공한 비결은 "우스꽝스러움"이었다.

법정 스님은 바보 스님이었다. 그분이 말했다.

"세상에서 가장 귀한 종교는 기독교, 불교, 천주교가 아니다. 바로 친절이다."

이 말은 친절하게 살라는 말이다. 법정 스님은 본래 '천화'를 하고 싶었다고 한다. 천화란 고승이 임종을 앞두고 홀로 깊은 산속으로 걸어가다가 힘없이 어느 지점에서 쓰러지면 주변의 나뭇잎을 주워 모아 그 낙엽으로 자신을 덮어 생을 마감하는 것이다. 깊은 산속에서 아무도 몰래 남에게 부담을 주지 않고 생을 마감하기에 그 흔적을 찾을 수 없다고 한다. 참으로 맑고 향기로운 바보다.

법정 스님은 유언으로 "내가 죽거든 관을 짜지 말고, 수의를 입히지 말고, 다비식을 열지 말고, 내가 쓴 책은 다 절판하고, 절대로 사리를 찾지 말라. 그리고 타고 남은 재도 오솔길에 나눠 주거라"라는 말을 남겼다. 진정 그분은 영원한 바보, 불멸의 바보였다.

누구나 암에 걸릴 수 있다. 그런데 우리 몸속에서 한 군데 암에 걸리지 않는 곳이 있다. 바로 심장이다. 바보같이 평생을 희생하고 격려하고 도움을 주는 조직이기 때문이다. 심장의 샘물은 아무리 퍼내도 고갈이 없다. 아무리 먹어도 질림이 없다. 아무리 나눠 주어도 모자람이 없다. 가장 부지런하다. 바보같이, 우직하게 말이다.

동서고금의 진리가 바보같이 사는 것이다. 우리가 이기려면 바보같이 포기를 포기하고, 좌절을 좌절하고, 바보같이 성공시키는 스타일이 되어야 한다. 바보같이 묵묵히 전진할 때 성공, 행복, 건강은 우리에게 올 것이다.

나는 웃음강사다

얼마 전 아침 8시 30분에 조찬 강연이 있어 전날 강연장으로 미리 출발했다. 서울에서 약 390킬로미터 떨어진 목포에서 현대삼호중공업의 중역, 임원들을 대상으로 하는 강연이었다. 4~5년간 현대삼호중공업에서 강연한 강사 중 평가와 반응이 가장 좋은 강사로 선정되어 다시 초빙된 것이라고 하니 기분이 좋았다. 게다가 목포에 있는 현대호텔에서 숙식을 무료로 제공해 주어 감사한 마음이 들었다.

인사노무담당 상무님과 과장님이 미리 나오셔서 "여기 계시는 분들을 웃기기는 정말 힘들 거"라고 몇 번이고 조언해 주셨지만 나는 "1초면 됩니다"라고 자신 있게 대답했다. 그리고 진심에서 나오는 나의 유머 덕분에 성공적으로 특강을 마쳤다.

끝날 때, 담당자를 비롯해 몇 분께 기립박수를 받았다. 나의 강연장은 항상 열광의 콘서트장이다. 돌아가는 길에는 어느 임원에게서 강연한 내용을 요약하여 칭찬해 주는 문자 메시지까지 받았다. 시작이 잘 풀리니 좋은 기분이 이어지는 것 같았다. 목포에서 37킬로미터만 더 내려가면 나의 고향 진도 섬이다. 그대로 서울로 갈 수는 없었다.

두 명의 초등학교 친구들을 만나기로 했다. 한 명은 진도경찰서에서 중역으로 근무하는 친구인데 토요일에도 쉬지 않고 산과 밭에 후박나무 수천 그루를 심고 있었다. 앞으로 5년 후에는 다섯 배높은 값을 받을 수 있다니 노후 준비를 겸하여 수년간 산에 나무를 심고 있었던 것이다. 나무와 함께하는 노후라니 참 훌륭하다는 생각이 들었다.

또 다른 친구는 진도에서 참전복을 키웠다. 참전복을 실제로 맛보고 싶기도 해서 어렵사리 연락을 한 다음에야 만날 수 있었다.

그 친구가 갑자기 바다 가운데 집이 있으니 배를 타라고 했다. 다른 섬에 별장이 있나 싶던 차에 배를 타고 10여 분 가니 전복 양식장이 나타났다. 그것도 그림 같이 작은 돌섬 안에 있는 것이 아닌가. 그야말로 장관이었다.

바다 위에 가건물로 집을 만들어 놓고 거기서 술을 한잔 하게 되었다. 황홀한 시간이었다. 진도 돼지 생삼겹살에 눈앞에서 바로 건진 전복을 구워 먹었다.

친구 말로는 진도에는 구제역도 안 들어왔다고 하고, 그곳의 전복은 수족관에 있다가 나온 전복하고는 천지 차이라고 했다. 작은 섬들이 병풍으로 서 있고, 바다 한가운데에 있는 집에서 전복회, 전복 구이, 진도 돼지, 묵은 김치, 밭에서 바로 뽑아 온 배추를 곁들여 술 한잔이라니 생각만 해도 황홀하지 않은가?

또 놀라운 사실은 진도산 전복은 겨울에는 살아있는 다시마로, 여름에는 살아있는 미역으로 밥을 주기에 자연산이나 마찬가지라고 했다. 내가 직접 확인한 결과, 다시마로 밥을 주는 데에는 1시간이나 걸렸다. 때문에 진도 전복은 다른 지역보다 값도 더 쳐준다고 했다.

나는 그동안 거제시 홍보대사로 임명받아 간접적으로 홍보를 많이 했었는데 이젠 진도 홍보대사를 자청해서라도 어촌에 도움을 주고 싶어졌다.

전복 구이는 반드시 생 삼겹살과 함께 구워야 제맛이고 절대로 소금을 뿌려서는 안 된다. 전복 내장이 터지면서 은은한 향과 간이 삼겹살에 배어나기 때문이다. 이 맛을 표현할 방법이 없다. 참 좋은데, 말로 표현하기는 힘들다.

오후에는 문화의 보고인 진도를 구경하려고 무작정 길을 나섰다. 친구가 아쉬웠던지 술 한잔을 더 청했지만 바쁜 친구에게 피해가 되는 것 같아서 거절했다. 그러나 가계리에서 작은 공연이 있으니 놓치지 말라는 이야기는 거절할 수 없었다. 가계리는 고향임에도 한 번도 가 보지 못한 곳이었다.

그날 바다가 갈라지는 모습을 볼 수 있었다. 관광객들의 약 20% 이상이 유럽, 일본, 중국 사람들이어서 더욱 놀라웠다. 세계 곳곳에서 진도의 바다를 보러 찾아오다니 아름다움을 나눌 수 있어 기뻤다. 이 아름다움을 어떤 말로 표현할 수 있을까. 살아있는 바다의 오케스트라, 움직이는 한 폭의 풍경화, 꿈틀거리는 생물들의 트위스트?

그 웅장한 장면은 직접 가서 봐야 한다. 지천에 깔려 있는 미역도 생것으로 먹어 보고, 내가 좋아하는 각설이 쇼도 보았다. 행복이 말로 표현되지 않는 시간이었다.

서울에 돌아오면서 목포에서 홍어로 가장 유명한 인동주 마을에 들렀다. 환상적인 간장 게장에 홍어 맛도 보다니, 나는 정말 행복한 사람이다.

강사라는 직업은 이래서 좋은가 보다. 아름다운 맛을 체험하고 싶은 분들께 적극적으로 권한다. 전국의 사람들과 함께 웃음을 나누고 아름다운 맛을 나누는 멋진 직업이다.

돌아오는 차 안에서 유머 퀴즈를 냈다. 작은 차 안에서 연애하는 사람을 여섯 글자로 줄인다면? "작은 차 큰 기쁨"이다. 그럼 전라도 사투리로 여섯 글자를 만든다면 어떻게 될까.

"좁은디 욕봤소."

목포에서 돌아온 다음 날 오전 10시부터 관악산에 올랐다. 팔봉이라는 봉우리 8개를 타고 넘어야 했다. 처음 시도해 본 일이지만 흥미로웠다. 거의 수직에 가까운 기암절벽을 산양처럼 타고 넘는 일은 매우 위험했지만 천금과도 바꿀 수 없는 보람을 느꼈다. 일주일 내내 계속되었던 강연 때문에 체력이 자꾸 떨어진 나에게 무리한 시도였을지도 모른다.

하지만 전국의 고속도로를 달리는 것과 다르게 정상에 올라 서울 시내를 한눈에 바라보는 일은 내 마음에 또 다른 생기를 불어넣어 주었다. 강연하면서 바라본 사람들의 얼굴이 떠오르기도 했다. 그분들과 함께 웃었던 시간들도 떠올랐다. 웃음을 전하고 싶어 달려갔던 길에서 오히려 웃음을 얻어 왔다는 생각도 들었다.

작년 가을은 너무나도 행복하고 감사했다. 강연하러 가던 차에 단풍이 시작되는 설악산 울산 바위, 도봉산 백운대, 제천 청풍, 지리산 피아골, 영암 월출산, 목포 유달산, 경주 토함산까지 남쪽으로 내려가며 단풍을 구경했다. 강의도 하고 단풍 구경도 하다니 일석이조였다. 강사라는 직업은 참 좋다.

그런데 아련하게 슬픈 추억이 떠올랐다. 고등학교 수학여행을 불국사로 왔는데, 입장료 낼 돈 230원이 없었던 것이다. 친구들에게 "난 그냥 쉴게" 하고 사정은 말하지 못하고 앉아 있었다.

그리고 강연 때문에 다시 그곳을 찾았다. 내가 아끼는 밴을 타고 최고급 호텔에서 숙식하며 그때보다 거의 만 배가 넘는 강사료를 받으니 이런 것을 두고 금의환향이라고 하나? 영양실조로 뺨에 버짐이 피고, 눈물 젖은 풀빵과 라면을 먹지 않았다면 나에게 지금의 풍요로운 시간은 오지 않았을 것이다.

나는 다시 한 번 다짐했다.

"나는 일어서서 또 거침없이 험한 길, 외로운 길을 가리라. 나는 강사가 아니다. 나는 명강사다."

나는 지금까지 청중들에게 짧은 지식을 전해 준 일이 없다. 늘 내 몸을 산산이 부서뜨려서라도 눈물과 땀을, 거친 숨소리를 뱉어내며 희망을 노래했다.

"나는 그냥 강사가 아니다! 나는 자칭, 타칭 명강사다!"

대구에서 강연하고 충남 덕산으로 이동하여 하룻밤을 묵었던 적이 있다. 덕산 스파캐슬에서 오전 9시에 KCC전국 지사장 300여 명을 대상으로 강연이 있었기 때문이다. 뜨거운 강연을 마치고 집으로 가던 길에 시간이 무료하여 자동차 안에서 한국강사은행을 검색했다.

그러던 중 유양희 강사님 활동방 145번 게시물에서 MBC 다큐

멘터리 〈풀빵 엄마〉를 보게 되었다. 눈물이 왈칵 쏟아졌다. 어린 시절 나도 불우했지만 부모님의 온정 덕분에 따뜻하게 자랐던 기억이 나서 차를 돌려 부모님 얼굴을 뵈러 갔다.

가는 길에 화곡동을 지나자 열다섯 살 불우한 어린 시절의 어느 날이 떠올랐다. 나는 그 동네에서 고등학교 재수를 준비하며 신문 배달을 했다. 그날은 신문 대금 수금을 마감하는 날이었다.

당시 한 달 신문값이 500원 정도 하던 시절이었다. 거금의 수금을 마치고 집에 가는데 어떤 분이 신문사 부장이라면서 수금을 자기에게 주면 된다고 했다. 그분이 점심도 함께하자고 하셔서 자장면에다 탕수육까지 시켜서 맛있게 먹었다. 그 중국집 이름이 '공화춘'이었다.

문제는 그다음이었다. 화장실에 간다던 분이 끝끝내 나타나지 않았다. 다급한 목소리로 자초지종을 설명드리자 아버지는 한걸음에 달려오셨다. 자식이 놀랐을까 봐 허겁지겁 달려오신 아버지. 내가 나이가 들어서인지 이제야 그때 아버지의 마음을 조금이나마 헤아릴 수 있게 되었다.

그날의 기억이 슬프지만은 않다. 여든을 넘긴 아버지는 그때 어리바리했던 나를 생생하게 기억하시면서 새삼스레 나에게 칭찬의 말을 건네기도 하신다.

나도 누군가에게 칭찬의 말을 건네고 싶다. 어릴 때 나처럼 신문 배달을 했던 사람에게, 아니면 지금 신문 배달 일을 하시는 분에게, 마지막으로 어렸던 나에게 사기를 칠 수밖에 없었던 가난한 그분께 웃음을 드리고 싶다. 나는 그때의 가난을 통해 지금의 웃음이 얼마나 값진 것인지 알게 되었다.

일에 미치고, 웃음에 미치고, 즐기는 나는 웃음강사다.

지금 책을 읽는 독자들이 큰소리로 이 말을 따라하길 바란다.

“내가 행복해서 웃는 것이 아니라 웃기 때문에 행복합니다. 내가 여전히 웃을 수 있다면 나는 행복한 사람입니다. 웃음은 최고의 화장법이며, 웃는 사람에게는 밤에도 해가 뜨고, 어떠한 고난도 감수할 수 있습니다.”

자! 이제 새롭게 출발하자! 우리에게는 열등감보다는 장점이 더 많다는 사실을 깨닫고 그 장점을 찾아 감사하자. 지금부터는 용서하며, 사랑하며, 감사하며, 신뢰하자. 웃음꽃이 사방팔방에서 피게 하고, “하하하, 호호호” 소리로 대한민국을 진동하게 하자.

이기는
스타일

지은이 한광일

1판 1쇄 인쇄 2013년 2월 20일
1판 1쇄 발행 2013년 2월 25일

대표 권대웅
편집 박희영 황은주 최수정
디자인 여만엽
마케팅 노근수 오선희

발행인 신혜경
발행처 마음의숲
출판등록 2006년 8월 1일(105-91-03955)
주소 서울시 마포구 상수동 145-1번지 영빈빌딩 6층
편집 (02) 322-3165 | **마케팅** (02) 322-3164
마음의숲 페이스북 http://facebook.com/mindbook
값 14,000원 ISBN 978-89-92783-69-9 (03300)

마음의숲에서 단행본 원고를 기다립니다.
따뜻하고 생동감 넘치는 여러분의 글을 maumsup@naver.com으로 보내 주세요.

이 도서의 국립중앙도서관 출판시도서목록(CIP)은 e-CIP홈페이지(http://www.nl.go.kr/ecip)와 국가자료공동목록시스템(http://www.nl.go.kr/kolisnet)에서 이용하실 수 있습니다.
(CIP제어번호: CIP2013000781)